Partnerschaftshoroskop

D1873693

Georg Haddenbach

PARTNERSCHAFTS-
HOROSKOP

FALKEN
Taschenbuch

Im FALKEN Verlag sind weitere Bücher zum Thema „Horoskop“ erschienen.
Bitte fragen SIe in Ihrer Buchhandlung.

Besuchen Sie uns auch im Internet: **www.falken.de**

Dieses Buch wurde auf chlorfrei gebleichtem
und säurefreiem Papier gedruckt.

Überarbeitete und ergänzte Neuausgabe
Originalausgabe
ISBN 3 635 60047 4

© 1995/1999 by FALKEN Verlag, 65527 Niedernhausen/Ts.
Die Verwertung der Texte und Bilder, auch auszugsweise, ist ohne Zustimmung des Verlags urheberrechtswidrig und strafbar. Dies gilt auch für Vervielfältigungen, Übersetzungen, Mikroverfilmung und für die Verarbeitung mit elektronischen Systemen.

Umschlaggestaltung: Zembsch' Werkstatt, München
Redaktion dieser Ausgabe: Vera Baschlakow
Herstellung: Michael Greiss

Die Ratschläge in diesem Buch sind vom Autor und Verlag sorgfältig erwogen und geprüft, dennoch kann eine Garantie nicht übernommen werden. Eine Haftung des Autors bzw. des Verlags und seiner Beauftragten für Personen-, Sach- und Vermögensschäden ist ausgeschlossen.

817 26

Inhalt

Inhalt

Inhalt

Die Widder-Frau

Dieses Mädchen muß man lieben. Es ist so sanft, so anschmiegsam, daß man es gleich zu seinem Kuschelbär machen möchte. Die Widder-Frau erregt Eindruck bei den Männern, weil alle glauben, sie könne kein Wässerchen trüben, bis sie das Bild vom Kuschelbären zurechtrückt und die Tatzen zeigt. Aber bis dahin hat das sanfte Ding mit dem treuen Blick den Mann ihres Herzens längst vereinnahmt.

Sie ist schon ein Prachtstück, diese Widder-Frau. Wie niemand sonst weiß sie, wie man sich durchsetzen kann – zur Not mit Tränen, die sie als weibliche Waffe geschickt verwendet. Schon im jungfräulichen Alter ist sie sich ihrer Wirkung voll bewußt. Und darum findet sie bald nach der Schulzeit jemanden, der sie fördert. Eine Widder-Frau braucht die Förderung nicht, sie ist tüchtig und clever genug, das Leben auch ohne Unterstützung zu meistern. Aber es schmeichelt ihr, wenn man an ihrem Weg nach oben Anteil nimmt. Schon mancher väterliche Freund wurde dabei von einer Widder-Frau zum ersten Liebhaber umfunktioniert, wobei sie nur zurechtrücken wollte, was für sie unumwunden feststeht: Mit dem gleichberechtigten Partner spricht sich's leichter.

Vorgesetzte, die ihre Befehlsgewalt herauskehren, mag sie nicht. Wer sie um etwas bittet, wird schnellstens bedient. Schon mancher verlor eine tüchtige Widder-Mitarbeiterin, weil er sie zu deutlich spüren ließ, wer das Sagen hat. Eine Widder-Frau will frei sein von Bevormundung, sie möchte auch im Berufsleben das Gefühl der Selbständigkeit haben. Arbeit, die ihr angeschafft wird, behagt ihr nicht. Sie will mitsprechen können.

Ein kluger Chef nutzt ihre Aktivität aus und gibt ihr die Handlungsfreiheit, die sie benötigt, um Optimales zu leisten. Sie wird es ihm danken, indem sie ihr ehrgeiziges Streben ganz in den Dienst der Firma stellt. Schon manche Widder-Dame landete in der Chefetage, weil man sie nicht verlieren wollte. Solch tüchtige Frau weiß sich auch in der Liebe durchzusetzen: Sie freut sich über ernsthafte Bewerber um ihre Gunst, aber sie entscheidet letztendlich, wen sie

nimmt. Das ist kaum der Schaumschläger, der alles an ihr schön findet: die Augen, die Grübchen in den Wangen und sogar den Leberfleck am Busenansatz. Das ist auch nicht das Männchen, das immer zu allem Ja und Amen sagt. Nein, es muß schon ein willensstarker Mann sein, der sich durchsetzen kann, an der Seite seiner Widder-Freundin aber Kavalier ist und das tut, was seine Herzallerliebste wünscht. Und außerdem will sie ihre eigene Leidenschaft doppelt und dreifach mit Leidenschaft belohnt sehen. Leicht hat man's mit ihr nicht.
Die schnelle Begeisterungsfähigkeit spielt der Widder-Frau allerdings manchen Streich. Sie verliebt sich nur zu oft in den Falschen, von dessen Männlichkeit sie überzeugt ist. Wenn sie dann merkt, daß er mangels Potenz ihrer eigenen Leistungsfähigkeit in Sachen Liebe nicht standhalten kann, ist sie oft schon verheiratet. Und da sie nun einmal für klare Verhältnisse ist, können Statistiker glaubhaft versichern, daß von allen Sternen-Frauen Widderinnen prozentual am häufigsten vor dem Scheidungsrichter erscheinen. Schon als Kind kletterte das Widder-Mädchen auf Bäume in Nachbars Garten und holte sich dort verbotene Früchte. Später fragt es nicht danach, ob ein Mann gebunden oder ungebunden ist. Wenn er der Widder-Frau gefällt, setzt sie alle Hebel in Bewegung: Mal sehen, ob er nicht weich wird. Die Widder-Frau treibt ein gefährliches Spiel mit der Liebe, wobei es ihr nicht so sehr auf die Gefühle anderer ankommt – Hauptsache sie kommt auf ihre Kosten.
Hat sie einen Mann erobert, ist sie gewillt, ihn leidenschaftlich und treu zu lieben. Als Gegenleistung verlangt sie sein ganzes Ich, die körperliche und seelische Bereitschaft, ihr zu Willen zu sein, wann immer sie es von ihm verlangt. Und da ist zweimal die Woche einfach zu wenig!
Das Temperament der Widder-Frau setzt die ständige Handlungsfähigkeit des Mannes voraus. Auch ältere Damen aus diesem marsbetonten Zeichen wollen noch testen, wie es um die Gefühle und die Leidenschaft ihrer Partner bestellt ist.
Als Nur-Hausfrau ist sich die Widder-Geborene zu schade. Meist bleibt sie auch in der Ehe noch berufstätig. Sie braucht Betrieb um sich, das traute Heim allein tut's nicht. Sie verlangt auch ausgeführt zu werden. Langweilige Fernsehabende zu zweit sind ihr ein Greuel (schließlich könnte man ja in dieser Zeit Besseres tun!).

So läßt man sich von ihr erobern

Wer ein Auge auf ein Widder-Mädchen geworfen hat, muß es nicht gleich wieder zudrücken, wenn er das eben Gesagte ins Kalkül zieht. Er sollte sich ruhig von diesem Vollweib erobern lassen, wenn er den Eindruck hat, ihrem überschäumenden Temperament gewachsen zu sein. Er sollte Männlichkeit beweisen, aber nie selbst den Eroberer spielen, eher den verständnisvollen Kavalier, der ihr jeden Wunsch von den Augen abliest.
Widder-Frauen sind Mangelware auf dem Heiratsmarkt. Meist hat sich längst ein anderer von ihr erobern lassen, der eben schneller reagierte. Man findet solch reizende Weiblichkeit heutzutage überall dort, wo etwas los ist: in Diskotheken ebenso wie in ausverkauften Opernhäusern, in schicken Cafés und in sündteuren Salons, wo sie sich die letzten Kreationen der Haute Couture vorführen läßt, auch wenn sie keinen Pfennig darauf anlegen will.
Zeigen Sie Interesse für die Widder-Frau, und bei ihr funkt's zurück, kann's Ihnen passieren, daß Sie sich in eine verkehrte Welt versetzt fühlen: Die Dame spricht Sie an, sagt irgend etwas Belangloses, Unverbindliches, um zu testen, wie Sie darauf ansprechen. Zunächst geht es ihr nur um ein Spielchen, das aber, wenn Sie es gekonnt mitspielen, durchaus schon am ersten Tag in ihrer Wohnung enden kann.
Da mag so mancher an ein leichtes Mädchen erinnert werden - die Widder-Frau ist es nicht. Sie hat eben ein Gespür dafür, wie man mit Männern umgeht, um sie zu fangen. Sie kann nie zwei Männer auf einmal lieben, für sie gibt es immer nur den einen. Und Sie sollten sich freuen, wenn Sie dieser eine geworden sind. Es ist richtig, daß sich eine Widder-Frau schnell entscheidet, wenn es um die Liebe geht, aber im Endeffekt ist sie doch wählerisch genug, daß sie ihre Gunst nicht jedem x-beliebigen schenkt.

In der Liebe hat sie Phantasie

Für die Liebe hat die Widder-Frau stets Zeit. Aber sie will die Aktive sein und bestimmen, wann und wo und wie auch immer man sich zur Zärtlichkeit zusammenfindet. Ihre Stimmungsumschwün-

ge machen manchem zu schaffen, der sich gern in ein Gespräch um Gott und die Welt verhakt und es ausdiskutieren will, währenddessen die Widder-Frau längst etwas anderes im Sinn hat.
Sie will gestreichelt werden. Es macht ihr Freude, wenn die Augen des Partners wie unbeabsichtigt über ihre Figur wandern, wenn er das bewundert, was sie selbst an sich am meisten liebt: Die zarten Rundungen ihres Körpers, die sie dezent, aber geschickt durch ihre Kleidung unterstreicht. Man sollte ihr immer wieder sagen, wie reizend man sie findet und wie sehr man sie liebt.
Sex ist für die Widder-Frau die selbstverständlichste Sache der Welt. Sie hat viel Phantasie und wünscht sich einen phantasievollen Partner, der vielerlei Lustspiele erfindet, um sie zu erfreuen. Sie ist aggressiv, möchte aber auch den Liebhaber angriffslustig sehen. Und sie verlangt Hingabe bis zur Erschöpfung. Männer, die sich müde ins Ehebett schleichen, mag sie nicht. Schon manche Widderin suchte anderwärts Abwechslung, wenn der Sex in ihrer Ehe zu kurz kam. Aber es waren stets die Männer schuld, die partout nicht einsehen wollten, daß Sex ein Teil der Liebe ist, die ewig währt. Wer auf den romantischen Gefühlen einer Widder-Frau wie mit Nagelschuhen herumtrampelt, kann von ihr nicht erwarten, daß sie sich wie ein Heimchen am häuslichen Herd verkriecht und Trübsal bläst.
Mancher Liebhaber einer Widder-Frau sah sich zur Liaison erniedrigt, weil er nicht begreifen wollte, daß zur seelischen Übereinstimmung auch die körperliche Bereitschaft gehört. Nur durch den Unverstand der Männer kommt es zu den kurzlebigen Affären einer Widder-Frau (und natürlich auch deshalb, weil nach dem gerade Verflossenen ein anderer längst schon bei ihr ansteht!).

So bleibt sie treu bis zur goldenen Hochzeit

Wenn Sie bis hierher mit wachem Verstand gelesen haben und noch immer bereit sind, es mit einer Widder-Frau zu wagen, dann kann man Ihnen nur gratulieren: Sie sind der Mann, der die Widderin glücklich machen kann! Diese Prachtfrau wird es Ihnen mit Treue und Hingabe bis zur goldenen Hochzeit danken. Und Sie scheinen überdies ein geschickter Diplomat zu sein, der gelassen

bleibt, wenn der alte Mars in der Ehe seines Schützlings Unfrieden stiften will.
Es kommt schon auf den Mann an, den sich eine Widderin zwecks ehelichen Zusammenlebens geangelt hat, was er daraus macht. Die Widder-Frau möchte zwar in der Ehe das Sagen haben, aber trotzdem keinen Waschlappen in dem Mann ihrer Träume sehen. Sie will jemanden an ihrer Seite, der Krach nicht übel nimmt, weil er sich schon auf die Versöhnung freut.
Sie sollten viel mit Ihrer Widder-Frau lachen. Fröhlichkeit lenkt sie ab von ihrer Nachtseele, in der – wie wir sahen – so viel von unbedingtem Besitzanspruch und Durchsetzung des eigenen Willens geschrieben steht. Machen Sie diese so liebevolle und doch so herrische Frau zu Ihrer gleichberechtigten Partnerin. Geben Sie ihr nach, wo Sie nur können. Es wird sich lohnen. Küssen Sie ihr die Tränen weg, die sie als Geheimwaffe einsetzt, wenn man ihr nicht zu Willen ist, und sagen Sie ihr irgend etwas Liebes. Es wird sie entwaffnen. Denn im Grunde ihres Herzens ist die Widder-Frau ein doch recht einsichtiges Menschenkind.

Die Stier-Frau

Venus gab ihren Schützlingen unterm Stier alles mit, was Männer mögen: weibliche Superformen, eine grazile Haltung, den verführerischen Augenaufschlag und jenes gewisse Etwas, das die müdesten Männer munter macht. Wer sie zum ersten Mal sieht, könnte sie mit jenen Playgirls verwechseln, die sich zur Schau stellen, um geliebt zu werden, oder mit einem männermordenden Vamp, der in seinem ganz privaten Adreßbuch Strichlisten über den Sündenfall der Menschheit führt.

Wie doch das Äußere täuschen kann! Gewiß, sie ist das schicke Persönchen, dem die Männer gern ihre blauen Stunden opfern möchten. Aber bei aller erotischen Ausstrahlung hat sie doch ein Herz im Leibe, das sie eigentlich nur einmal verschenken möchte. Und wenn die Stier-Frau ihren Supermann gefunden hat, dann bleibt sie ihm treu, solange sie von seiner Treue und Anhänglichkeit überzeugt ist, wobei sie auch bis zu einem gewissen Grade den Spruch »Was ich nicht weiß, macht mich nicht heiß« gelten läßt. Wir möchten freilich nicht in der Haut jenes Mannes stecken, der eine Stier-Frau mit einer anderen hintergeht. Er lernt jenes andere Ich im Wesen eines Stier-Menschen kennen, das nach Rache giert. Da wird zum reißenden Raubtier, was bisher nur als reizendes Kätzchen schnurrte. Es ist die Eifersucht einer Stier-Frau, die das Inventar manchen Haushaltes dezimierte, weil sie in ihrer Wut mit allem um sich warf, was gerade greifbar war.

Da sie eine gescheite Frau ist, weiß sie um diesen Wesenszug in ihrer Nachtseele. Darum geht sie bedächtig an die Auswahl und versucht, die Spreu vom Weizen zu trennen. Nur so kommen Stier-Frauen mit der Zeit zu einiger Lebenserfahrung und zu einem späten Glück mit einem Mann, der oft eigentlich so gar nichts mit dem Held ihrer Jungmädchenträume gemein hat, den sie sich aber als geschickte Bastlerin nach ihrem Gefühl zurechtschnitzen kann.

Schon manches unansehnliche Männlein wurde von einer Stier-Frau zum Adonis umfunktioniert und zum Eigentum auf Lebenszeit deklariert. Und das ist eine weitere Wesensart der Stier-Geborenen: Sie sind besitzergreifend. Wen sie einmal in ihren Fängen haben, der muß ihnen dann auch mit Haut und Haaren gehören. Und wenn dieser Besitz nach außen strebt, werden sie ihn zu isolieren suchen – von den Freunden, den Bekannten und sogar von der eigenen Familie.

Aber trotz aller zur Schau gestellten Robustheit ist die Stier-Frau ein leicht verletzliches Seelchen, das auch mit Tränenkrüglein hausieren gehen kann. Falschbehandlung löst bei ihr nicht in allen Fällen sofortige Reaktionen aus. Oft staut es sich bei ihr an – monatelang, jahrelang. Und so kommen die treuesten aller Frauen unterm Sternenzelt doch auf eine stattliche Scheidungsquote.

Stier-Frauen sind selbständig genug. Sie brauchen keinen Mann an ihrer Seite. Der Erfolg im Beruf tut's auch. Und da sie sehr praktisch veranlagt sind und überdies einen gesunden Ehrgeiz haben, bringen sie es auch zu etwas. Dabei vergessen sie oft sogar ihr Privatleben.

Warum sie oft ein »spätes Mädchen« ist

Auch darum heiratet manche Stier-Frau spät. Sie braucht die Rundumerfahrung, um im Eheleben glänzen zu können. Männer, die dieses späte Mädchen heiraten, handeln sich eine Perle ein: Als Hausfrau bekocht sie den Geliebten mit seinen Lieblingsgerichten, ihre Wohnung glänzt und blinkt. Manche antiquarische Rarität verschönt ihr Heim.

Sie liebt eine kultivierte Häuslichkeit. Nur ins Handwerk pfuschen läßt sie sich nicht. Sie schenkt dem Herzensmann ihre ganze Liebe, vergißt darüber aber auch nicht, daß bei allem Gefühl die Kasse stimmen muß.

So sehen sich Ehemänner einer Stier-Frau von ihr nicht nur zu sexuellen Leistungen angespornt. Sie will zum Manne aufschauen können, er muß auch im Beruf rechtschaffen nach oben streben. Und sollte er mal eine Sprosse der Erfolgsleiter verfehlen oder gar abstürzen, weiß sie für die Familie Rat: Eine Stier-Frau hat ja was gelernt, das man in klingende Münze umsetzen kann, bis sich der Ehemann wieder gefangen hat und sie wieder »nur« Hausfrau sein kann.

Eine Stier-Frau ist immer den Genüssen des Wohllebens zugetan. Das setzt manchmal an und läßt barocke Formen zu. Und dann wird die Stier-Frau oft unvernünftig, hungert sich die schlanke Figur wieder an, um dann erneut wieder den Tafelgenüssen zuzusprechen. Das Auf und Ab zeichnet sich in ihrer Gesundheit ab, bis sie vernünftig wird und mit modischen Kniffen überdeckt, was in Jeans bersten würde: Jede Stier-Frau hat das Gefühl für die Mode, die ihr steht.
Wie überhaupt bei ihr Gefühl einfach alles ist. Hier ist auch der Ansatzpunkt für Männer, die ein Stier-Mädchen erobern wollen. Man findet sie viel in literarischen Zirkeln, aber auch in Gruppen, die Revolutionäres planen. Hier sprechen sie mit, setzen ihre Meinung durch und – flirten ganz nebenbei mit diesem und mit jenem. Sie fahren gewissermaßen ihre Gefühlsantennen aus und testen, wer wohl aus dem Kreis am besten zu ihnen paßt. Man lade sie ins Theater ein und diskutiere hinterher über das Gesehene in einem Restaurant, das durch seine guten Speisen und Getränke berühmt ist. So kommt man sich näher, wobei man sich nur ja nicht daran stören sollte, daß das Stier-Mädchen den Wein wie Wasser hinunterkippt – er schmeckt ihr eben, und sie hat Durst.

Sex – mit und ohne Trauschein

Wenn ihr der Mann gefällt, scheut sie sich nicht, gleich ein Verhältnis mit ihm anzufangen: Bei der Stier-Frau ist es immer die Liebe auf den ersten Blick, wenn ihr jemand gefällt. Sie schaut nicht aufs Äußere ihres Partners, sie spürt mehr seinen inneren Werten nach. Mit jedem Mann, der ihr gefällt und dem sie zugetan ist, will sie Erfahrung sammeln. Zunächst in geistiger Beziehung: Sie diskutiert ja so gern. Dann auch, ohne sich zu zieren, auf erotischem Gebiet.
Obwohl die meisten Stier-Frauen irgendwann einmal heiraten, macht's ihnen nichts aus, auch ohne Trauschein mit einem Mann zusammenzuleben. Stier-Frauen sind nicht prüde. Sie tun nur manchmal so. Aber damit wollen sie ihren Wert erhöhen – sie wissen ja, wie manche Männer auf scheinbare Jungfräulichkeit fliegen.

Hat der Mann es endlich geschafft, sie zu Liebesspielen zu animieren, so machen sie willig mit. Aber die Umgebung muß stimmen: Hier ein Kissen, dort schummerndes Licht. Und zuvor sollte man sich zünftig mit einem guten Mahl gestärkt haben.
Die Stier-Frau verlangt viel von ihren Liebhabern. Sie mag ausgedehnte Vorspiele, braucht Streicheleinheiten und Küsse, um sich hineinzusteigern in das frivole Vergnügen. Männer, die sich da ungeschickt benehmen, werden von ihr schnell abserviert oder umerzogen, wenn die Liebe auf den ersten Blick noch anhält.
Es ist also nicht ganz leicht für den Mann, bei der Stier-Frau sexuell zu bestehen. Sie mag die Draufgängertypen nicht, die ihre Potenz mehrmals hintereinander beweisen wollen. Und was von den Vorspielen eben gesagt wurde, das gilt für sie auch bei den Zwischenspielen: Je länger die Zeit charmant überbrückt wird, desto mehr hat die Stier-Frau davon. Gefühl ist eben bei ihr alles. Der Geschlechtsakt selbst ist eigentlich nur das Nebenbei, das man mitmacht, um dem Mann einen Gefallen zu tun.
Die »schnellen Brüter« sind bei der Stier-Frau nicht gefragt. Oft genügt ihr ein intensiv ausgedehnter Flirt zur erotischen Befriedigung. Dann rückt sie ganz nahe an das Zielobjekt heran und läßt es ihren Körper spüren. Solch körperliche Flirtbereitschaft trug mancher dieser Venus-Jüngerinnen den Vorwurf ein, sie seien leichtsinnige Luder, die es um jeden Preis auf die Männer abgesehen hätten. In Wirklichkeit haben Stier-Mädchen nur die Lust am fröhlichen Spiel und denken sich nichts dabei, wenn sie einem Manne in der Diskussion einmal zu nahe »auf den Pelz« rücken.
Es ist das beinahe kindliche Spiel, das Stier-Frauen bevorzugen. Oft benutzen sie beim zärtlichen Tête-à-tête auch die Kindersprache, um ihre Spiellaune noch zu unterstreichen. Männer, die das albern finden, sollten schleunigst das Weite suchen. Sie hat ihren eigenen schrulligen Humor, den man – so komisch das klingt – ernst nehmen sollte.

Wie man mit ihr ein Leben lang auskommt

Haben Sie also selbst dann Verständnis für Ihre Stier-Frau, wenn sie sich manchmal in eine gewisse Hysterie hineinsteigert, wenn sie sich in ein Thema verbeißt und einfach nicht davon loskommt. Geben Sie ihr das Gefühl, daß Sie es auch verstehen, wenn sie mal aus der Rolle gerät und dann am liebsten mit Porzellan werfen möchte. Streicheln Sie sie und bringen Sie ihr rote Rosen, aber lachen Sie sie nur ja nicht aus.

Seien sie stets der aufmerksame Zuhörer Ihrer Stier-Frau. Sie kann amüsant und engagiert über viele Themen reden. Das Schöne: Sie will Ihre Meinung hören – so wird aus dem anfänglichen Monolog ein Dialog.

Lassen Sie Ihre Stier-Frau wirtschaften. Auch wenn sie manchmal Geld für die unnützesten Dinge ausgeben wird, behält sie immer noch den Überblick: Sie ist nie daran schuld, wenn der Wohlstand der Familie leidet.

Stier-Frauen verstehen etwas von Geld und festen Werten, sie sollten sich nur davor hüten, sich zu sehr ins Materielle zu verbeißen. Dann könnte jener zweite negative Zug zum Tragen kommen, der in ihrer Nachtseele schlummert: Daß sie über dem finanziell Lukrativen alles um sich her vergessen, sogar ihr Herz. Wenn Sie diesen Zug bei Ihrer Stier-Frau bemerken, schalten Sie schnell um. Denn wahrscheinlich lag es an Ihnen, daß sie so wurde. Vielleicht hatten Sie zu wenig Zeit für ihre Gefühle, vielleicht war Ihre Beziehung schon abgestumpft im alltäglichen Einerlei.

Die Zwillinge-Frau

Die Zwillinge-Frau ist ein heiteres, stets dem Leben zugewandtes Menschenkind, dem es eigentlich nie schlechtgehen kann. Selbst auf der tiefsten Talsohle wird es sein Liedchen trällern und beschwingt den Weg nach oben wagen, dort, wo die Sonne wieder lacht. Eine Zwillinge-Frau bringt so leicht nichts um. Sie lebt immer ein wenig an der Oberfläche, auch wenn sie tiefschürfende Gedanken hegt. Und die Vernunft, mit der sie ihr Geburtsherrscher Merkur beschenkte, läßt sie nie das rechtzeitige Umschalten auf den eigenen Vorteil vergessen.

Ihr Charme ist bei jedem Mann gefragt, ihr übersprudelndes Temperament beflügelt ihn zu kühnen Träumen. Am Ende war er vielleicht doch nur der handfeste Flirt einer Zwillinge-Frau, die ein wenig Entspannung vom alltäglichen Einerlei suchte. Schon mancher glaubte, diese fröhliche Schöne erobert zu haben. Als er sich kurz vor dem Ziel seiner heißen Wünsche sah, wurde er abserviert. Männer, das weiß jede Zwillinge-Geborene, sind austauschbar. Und darum werden einige dieser Merkur-Kinder erst in der dritten Ehe seßhaft.

Das klingt für monogam veranlagte Menschen alles ein wenig verwerflich, ist es aber nicht. Denn in den entscheidenden Augenblicken ihres Lebens läßt die Zwillinge-Frau allem Verstand zum Trotz ihr Herz sprechen. Sie ist stets auf der Suche nach dem einen, der sie glücklich machen kann. Aber es ist die Tragik ihres Lebens, daß sie oftmals vermeint, ihn gefunden zu haben, und dann bröckelte auf einmal der Lack an ihrer Heldenfigur, und ihr Traumbild glich einem Torso ohne Hand und Fuß. War es ihre Schuld, daß plötzlich mit dem Honigmond Schluß war?

Verflossene Liebhaber eines Zwillinge-Mädchens werden es bestätigen: Eben noch war es die zärtliche, hingebungsvolle Geliebte, und wenig später schon nörgelte es an allem herum, das es vorher gestreichelt hatte. Plötzlich saß bei ihm die Nase schief, die vorher so schönen Schwung besaß. Und dann werden Nägel mit Köpfen gemacht. Es wird aus dem gemeinsamen Haushalt aus-

gezogen! Zwillinge-Frauen sind auf der ganzen Linie für klare Verhältnisse.
Ihre sprichwörtliche Neugier läßt sie aber immer wieder probieren. Sie studiert die Männerwelt in den Salons der feinen Welt oder auch in der Kneipe nebenan und sucht sich ihr Opfer aus. Wer mit ihr flirten will, muß die Kunst des Anbandelns wie sie beherrschen. Unintelligente Männer mag sie nicht. Die Liebe ist für die Zwillinge-Maid noch ein Spiel, bei dem es um einen Einsatz geht. Der ihre ist: eine meist schlanke Figur, ein beschwingter Gang und ein spitzbübisches Lächeln, auf das die Männer reihenweise hereinfallen. Dieses Mädchen ist es wert, daß man sich ernsthaft mit ihm beschäftigt. Leider ist es wie eine Biene, die vom süßen Honig nicht nur an einer Blüte naschen möchte.
Frühehen sind bei diesem Zeichen unter ferner liefen einzuordnen. Trotzdem sind sie nie auszuschließen, weil sich eine Zwillinge-Geborene immer anders entscheidet, als man von ihr annimmt.
Von Jugend auf ist sie ein liebes, herziges Ding, dem man nicht böse sein kann. Solch Wesen erhält ihr viele Freunde; und selbst mit ihren verflossenen Ehemännern wird sie sich ab und zu noch einmal treffen und über die schöne Zeit der ersten Liebe reden. Ganz ohne Absicht gewiß, denn was die Zwillinge-Frau einmal im Buch ihres Lebens abgehakt hat, das hat darin keinen Platz mehr zu beanspruchen.
Allzu starke Nerven hat die Zwillinge-Frau nicht. Oft reagiert sie sogar dünnhäutig und kann dann recht kräftig aus der Rolle fallen. Beißende Ironie und deftige Kritik sind ihre Waffen, mit denen sie jeden Gegner verunsichert und manchen Buhlen um ihre Gunst vergrault, der sie zunächst als das liebe, etwas unselbständige Mädchen kennenlernte. Ihr Charakter ist einfach nicht zu analysieren – auch nicht von jenem, der einen Computer mit allen ihren Vorzügen und Nachteilen füttert.

»Vielweiberei« mit der Zwillinge-Frau

Die Zwillinge-Frau ist das Urbild der Eva, hintergründig und verführerisch und immer zum Verlieben. Wer sie eroberte, hat keine Langeweile mehr, aber er muß schon einiges Durchstehvermögen beweisen, um mit ihr zu Rande zu kommen. Er muß auch einen gewissen Hang zur »Vielweiberei« mitbringen, um dieser einen Eva gerecht zu werden, bei der sich neben den beiden Seelen auch gleich eine Vielzahl von recht widersprüchlichen Frauentypen vereinen.

Da ist die anhängliche Frau, die viel Zeit zum Schmusen hat und am liebsten dem Herzensmann alle Wünsche von den Augen abliest. Es gibt die Dame, die über alles erhaben ist und mit ihren Launen den Ehemann auf Trab hält, so daß er manchmal nicht mehr hüh und hott weiß, und die sich zur Hausfrau eignet wie ein Frosch zum Fliegen.

Die dritte Frau ist unbeschwert und fröhlich, das gerade Gegenteil von Dame Nummer zwei. Die vierte streitet gern und diskutiert noch im Bett, wenn der Mann schon an ganz etwas anderes denkt. Die fünfte ist jenes nie stillstehende Plappermäulchen, das die Rolle des unwissenden Gänsleins spielt, während die sechste eine perfekte Gesellschafterin ist, bei der freilich der eigene Mann meist gegenüber den lieben Gästen zurückstehen muß. Man kennt auch eine siebte, die den Haushalt in Schwung hält und als perfekte Mutter ihr Lebensziel erreicht hat. Bei ihr werden die Kinder spielend zu Höchstleistungen animiert, wobei sie trotzdem noch Zeit findet, eine aufmerksame Gattin zu sein.

Die Anlagen aller dieser Einzeltypen (und noch einiger mehr!) sind in dieser einen Zwillinge-Frau vereint. Da ist es kaum verwunderlich, daß bei ihr selbst die größten Frauenkenner mit ihrer Weisheit am Ende sind. Denn hat man sich auf den einen Typ eingestellt, schneit einem der andere ins Haus. Männer lernen bei der Zwillinge-Frau nie aus.

Trotzdem oder gerade deswegen zahlt es sich aus, solch wandelbares Mädchen zu erobern: Man heiratet eine einzige Frau und hat mit ihr einen ganzen Harem zu Hause. Es sind ja gerade die Widersprüche, die diese Frau liebenswert machen.

Wenn Sie Spaß an solchem Wesen haben, lassen Sie sich von ihm entdecken. Diskutieren Sie mit der Zwillinge-Frau, aber erzählen Sie ihr nicht gleich ihre ganze Lebensgeschichte. Bleiben Sie zurückhaltend und lassen Sie die Dame selber reden. Und sie wird ihrer Phantasie freien Lauf lassen und Sie einzuordnen versuchen. Und dann haben Sie bereits gewonnen.

Der lange Weg zum Höhepunkt

Die schönen Stunden ihres Lebens möchte jede Zwillinge-Frau bis zur Neige auskosten. Sie ist eine perfekte Geliebte, aber sie will die Liebe genießen. Ein zu kurzes Vorspiel kann hier alles verderben. Sie will langsam ihren Höhepunkt erreichen und glaubt, daß nur ein ganzer Kerl ihr das vermitteln kann. Dabei zählt sie zum Vorspiel durchaus auch ernsthafte Gespräche über Kunst und Wissenschaft oder die Technik des Wankelmotors. Kurze Abschweifungen vom Thema machen ihr nichts aus – sie kann auf mehreren Gebieten gleichzeitig denken und reagieren.
Das Umfeld amouröser Spiele braucht für sie nicht unbedingt in rosarotes Licht getaucht zu sein, das Zwielicht in einer Scheune tut's auch, wenn der Liebhaber und seine zurückhaltende Taktik stimmen! Flotte Typen , die sich nur der eigenen Lust wegen bei ihr bedienen wollen, sind wenig gefragt. Sie könnten nur zu bald im – wie sie meinen – schönsten Liebesspiel die Kälte einer Frau kennenlernen, die an Frigidität grenzt. Auch hier treten die beiden Seelen zutage, von denen wir schon einmal sprachen.
Der Mann, den sie liebt, wird nichts von der eben erwähnten Seele erfahren. Für ihn ist die Zwillinge-Frau ganz Hingabe. Keine Frau sonst kann zärtlicher sein als sie, keine so variationenreich auf männliche Liebeskunst eingehen, wobei sie durchaus einem Rollentausch nicht abgeneigt wäre. Schließlich möchte sie auch mal den Mann beherrschen.

Glückliche Ehe – aber wie lange?

Hat man sich endlich entschlossen, eine Zwillinge-Frau zu heiraten, oder wird man von ihr zur Ehe engagiert (hier gibt es einen feinen Unterschied!), sollte man sein Glück auf kameradschaftlicher Basis aufbauen. Gleichberechtigung ist das, was sie praktizieren möchte.
Sie wird in vielem den untersten Weg gehen wollen, aber nie dazu gedrängt werden. Befehle, und seien sie auch nur als Wünsche getarnt, lösen bei ihr Trotzreaktionen aus, die letztlich nicht nur in handfesten Ehekrachs enden könnten.

Zwillinge-Frauen gehen Streitigkeiten zwar gern aus dem Wege, können aber kräftig zur Sache kommen, wenn man sie in Kampfsituationen hineintreibt. Da wird das sonst so liebe Mädchen möglicherweise zur wilden Furie, die sich selbst nicht mehr kennt.
Glaube nur ja niemand, daß eine Zwillinge-Frau einen Mann wie das tägliche Brot braucht. Sie weiß sehr wohl auf eigenen Füßen zu stehen und im Beruf zu glänzen. Lassen Sie ihr darum ihren Willen, wenn sie neben der Ehe noch eine andere Beschäftigung haben will. Sie hat damit auch das Filter, durch das sie manches ablassen kann, so daß die Luft daheim rein bleibt.
Gewiß, ihre Zwillinge-Frau ist anspruchsvoll. Aber wenn Sie an die vielen Frauentypen denken, die Sie sich mit ihr eingehandelt haben, kommen Sie in einer Ehe mit ihr eigentlich recht billig weg. Verwöhnen Sie dieses Prachtexemplar, so gut es geht. Und seien Sie großzügig, auch wenn sie flirtet. Die Zwillinge-Frau wird es Ihnen danken und vielleicht vergessen, daß es außer Ihnen auch noch andere liebenswerte Männer gibt.

Die Krebs-Frau

Die Krebs-Frau ist für die Liebe geschaffen. Das kommt nicht nur daher, weil ihr Schutzpatron der Mond ist, der die Nacht erhellt, in der bekanntlich die Liebe erwacht. Sie ist ein empfindsamer Mensch, der auf alles Gute und Schöne anspricht und der mit viel Gefühl und Herzenswärme ausgestattet ist. Sie ist darum aber auch sehr viel eher zu verletzen.

Sie reagiert anfällig auf alle möglichen atmosphärischen Störungen, auf den Wetterwechsel ebenso wie auf Voll- und Neumond. Dann fühlt sie sich nicht wohl in ihrer Haut und läßt das launenhaft auch ihre Umgebung spüren. Wie gut, daß sie sich immer wieder fängt und sich selbst einen Teil Schuld gibt, wenn es in den Beziehungen zur Umwelt kriselt.

Männer, die bei ihr die Beschützerrolle spielen wollen, mag sie nicht allzu sehr. Sie will auf eigenen Beinen stehen und gleichberechtigt sein. Ob ihr das gelingt, hängt viel von dem Menschen an ihrer Seite ab. Er sollte viel Mitgefühl mit ihr haben, Mitleid aber für andere Fälle aufsparen.

Sie vergißt so leicht nichts. Wenn ihr jemand etwas Gutes getan hat, wird sie es ihm doppelt und dreifach danken. Wird sie gekränkt, zahlt sie die Kränkung irgendwann einmal zurück. Sie hat ein unvorstellbares Erinnerungsvermögen, das sie im geselligen Kreis in witzige Geschichten umzumünzen versteht. Man mag sie in ihrem meist kleinen Bekanntenkreis sehr.

Für ihre Familie opfert sie sich auf. Sie ist eine perfekte Hausfrau, auch wenn sie dieses Lob nicht gern hört. Sie steht sogar im Berufsleben ihren »Mann«, wenn es ihr durch widrige Umstände verwehrt wurde, allein in der Familie glücklich zu sein.

Die Krebs-Frau ist gescheit, fühlt sich aber selbst oft nur unzulänglich gebildet. Sie ist der Kunst zugetan und versteht etwas vom Kunstgewerbe. Ihre Wohnung ist ein Schmuckkästchen. Aber obwohl dort alles blitzt und blinkt, fühlt sich der Gast wohl, weil er auch mal unbeabsichtigt die Asche auf den Teppich streuen kann, ohne daß sie gleich mit Besen und Kehrschaufel hinter ihm her ist.

Wer solche Frau für sich gewonnen hat, kann sich glücklich schätzen: Er wird umhegt und umpflegt. Da fehlt nichts, das sein Wohlbefinden beeinträchtigen könnte. Und selbst Männer, die sonst dafür bekannt sind, daß sie nach außen streben, werden bei der Krebs-Frau ein wenig häuslicher. Oder sie nehmen ihr Prachtstück mit auf Kongresse und zum Stammtisch. Schließlich haben sie ja was herzuzeigen!

Eine Krebs-Frau hält etwas auf sich. Sie versteht sich auf Hygiene und Körperpflege. Sie will, obwohl meist zart und zierlich, immer gesund durchs Leben gehen. Kleine Wehwehchen überspielt sie. Sie härtet sich rechtzeitig ab, um auch den ihr verhaßten Winter zu überstehen. Sie wandert gern durch die Natur – oft allein, aber am liebsten mit dem Manne, der sich ihr verschrieb.

Wie schade, wenn diese Prachtfrau an den Falschen gerät, der nicht auf der gleichen Wellenlänge mit ihr funkt. Bei solchem Manne kann sie eingehen wie eine Primel, der das Wasser und die Sonne fehlt. Eine unverstandene Krebs-Frau wird in der Ehe einsam bleiben und höchstens wegen der Kinder nach außen hin den Schein wahren.

Sicher, auch in guten Verbindungen wird sie manchmal wider den Stachel löcken und die Vertrauensfrage stellen. Sie ist einsichtig genug, auch einmal selber den untersten Weg zu gehen. Wenn sie nicht will, dann will sie nicht – basta!

Sollte sie länger als über das übliche Maß hinaus trotzen, müßte der Mann in sich gehen und sich fragen, ob er sie nicht irgendwie falsch behandelte. Die Kritiklust der Krebs-Frau ist gefürchtet. Ein Stäubchen auf des Mannes Anzug kann sie anregen, gleich einen Wüstensturm daraus zu machen. Ihre vorgefaßte Meinung ist kaum zu erschüttern. Einen zünftigen Krach deswegen vom Zaume zu brechen, würde sie nur verstockter machen. Wer sie zum Lachen bringt, kriegt sie rum.

Sie mag humorige Leute und lacht für ihr Leben gern. Schon mancher Mann, der astrologisch eigentlich gar nicht zu ihr passen würde, lebte an ihrer Seite auf, weil er mit ihr lachen durfte.

Zum Zusammenleben mit der Krebs-Frau gehört freilich mehr: zärtliche Rücksichtnahme auf ihre Launen und ihre durch Monde und Wetterumschlag bedingten seelischen Tiefs, vor allem aber viele versteckte Beweise, wie sehr man sie liebt und schätzt.

Wie man ihr Herz gewinnt

Der Mann einer Krebs-Frau sollte nie vergessen, ihr auch noch nach dem verflixten siebenten Jahr mal ab und zu Blumen oder ein gutes Buch mitzubringen. Solch kleine Aufmerksamkeiten beweisen ihr, daß man sie noch liebt. Ohne Liebe wäre das Leben für sie nichts mehr wert. Die Krebs-Frau ist nicht das hilfsbedürftige arme Hascherl, wie sie manchem Manne erscheint. Sie würde im Gegenteil schnell das Weite suchen, wenn man das von ihr annehmen würde. Sie hat eine Antenne, anderen Menschen Trost und Hilfe zu spenden. Sie hat viel Gemüt. Indem man darauf eingeht, gewinnt man ihr Herz. Aber nur zu leicht verletzt man sie auf dem Wege dorthin. Es dieser Frau recht zu machen, ist schwierig. Sagt man ihr zum Beispiel, sie sehe aber heute besonders gut aus, fragt sie todsicher zurück, ob das denn gestern vielleicht nicht der Fall gewesen sei.

Ihre Wünsche wird sie nie offen aussprechen, weshalb es die Liebhaber bei der Krebs-Frau doppelt so schwer wie bei jeder anderen Frau haben. Sie müßten Hellseher sein, um alles geheime Trachten und Fühlen dieser so zurückhaltenden Dame erahnen zu können. Wie gut, daß sie dem, den sie liebt, im Endeffekt nie etwas übel nimmt.

Er wird von ihr freilich über ihre wahren Gefühle immer etwas im ungewissen gelassen. Sie kann ihre Liebe nicht in Worte kleiden. Aber irgendwann wird es der Geliebte doch spüren, daß sie ihn mag. Sie verabscheut Heuchelei. Die Krebs-Frau wäre die letzte, die vor dem Traualtar ihr Jawort einem Manne geben würde, dessen Geld oder Status sie nur liebt. Sie ist eine der wenigen unter dem Sternenzelt, die zunächst den Menschen und nur den Menschen sieht.

Wenn sie liebt, kann sie mit dem Herzensmann auch in einer kleinen Wohnung glücklich sein. Es bleibt jedoch kaum bei diesem engen Heim: Die Krebs-Frau achtet auf Sicherheit und legt beizeiten etwas zur Seite. Das reicht dann manchmal sogar zu einem Eigenheim mit blühendem Garten drumherum.

Wer sie erobern will, sollte zärtlich und taktvoll sein. Sie weiß selbst, daß sie ein Mensch mit Fehlern ist, man braucht es ihr aber nicht gleich zu sagen. Man gehe mit ihr viel spazieren, erzähle ihr von seinen Sorgen und berichte ihr überhaupt von seiner Welt. Dick aufzutragen gilt da freilich wenig. Leute, die sich größer geben, als sie in Wirklichkeit sind, anderen etwas vorspielen, mag die Krebs-Frau nicht.

Und dann wird sie vielleicht auch mal von sich erzählen, zögernd, als sei es ihr peinlich: Keine Krebs-Frau offenbart sich und ihre Gefühle gern. Aber Sie sehen daraus, daß Sie von ihr als ernsthafter Bewerber akzeptiert werden. Und da haben Sie es weit gebracht.

Sex ohne Liebe gibt es für sie nicht

Wenn die Krebs-Frau mit Ihnen auf Ihre Junggesellenbude geht, können Sie sich brüsten, eine Eroberung gemacht zu haben. Sinnvoll wäre ein vorhergehender gemeinsamer Spaziergang durch eine Mondscheinnacht, durch einen alten Park mit verschwiegenen Bänken. Wenn die Krebs-Frau liebt, bedarf es nicht vieler Worte. Man versteht sich – gut, dann kann man auch in anderer Weise miteinander verkehren. Wenn schließlich nichts daraus wird, geht man auseinander. Es hat nicht sollen sein.

Die Krebs-Frau ist eine wunderbare Geliebte, die mit der ihr eigenen Sensibilität den Mann an ihrer Seite glücklich machen will. Man darf sie nicht zu rauh behandeln. Obwohl sie dem Mann zuliebe alles mitmacht, was er von ihr verlangt, scheut sie sich doch vor allzu deftigen Sex-Praktiken. Und wenn sie mal ja sagt zu einem etwas absonderlichen Wunsche ihres Herzenspartners, so sollte man ihr zuliebe zur Ausführung rücksichtsvoll die schützende Dunkelheit wählen.

Ihren Körper kann man getrost bewundern, sie braucht sich seiner nicht zu schämen. Krebs-Frauen haben meist ein Idealgewicht und die Pölsterchen gerade an den rechten Stellen. Aber man sollte als Mann besser die Körperlichkeit einer Verbindung nicht zu sehr herausstellen.

Eine Krebs-Frau würde nur widerstrebend auf dem Autorücksitz lieben. Auf weichen Kissen bei gedämpftem Licht oder im Urlaub an einsamem Strande bei Vollmond und leise rauschenden Wellen hat sie es lieber.

Die Kunst, mit ihr glücklich zu sein

Leider gibt es Männer, die die zarten Gefühle einer Krebs-Frau verletzen, die wie Elefanten im Porzellanladen hausen und dann verwundert vor den Trümmern stehen, wenn sie von ihrer Krebs-Frau verlassen wurden. Viele Krebs-Frauen wurden schon von Männern enttäuscht, die Liebe nur heuchelten.

Die Kunst, eine Krebs-Frau glücklich zu machen, ist gar nicht so schwer. Man gehe nur ein wenig auf sie ein, höre ihr zu (das fällt den Männern oft besonders schwer) und gehe mit ihr durch dick und dünn. Man nehme auf ihre Stimmungsumschwünge, die wie die Gezeiten des Meeres mit dem Mondwechsel zusammenhängen, ein wenig Rücksicht und lobe sie auch mal. Ihre Kochkunst zum Beispiel, die drei Sterne verdient, ihre finanziellen Fähigkeiten, die der Familie zugute kommen, ihren ständigen Einsatz für Mann und Kind, den sie so ernst nimmt, daß er in Streß ausarten kann. Man sage ihr, wie lieb man sie noch habe, und frage sie nach ihren Wünschen. Wenn sie erst einmal nach langen Jahren des Zusammenlebens den Mut gefunden hat, auch diese zu äußern, dann können Sie sich glücklich schätzen: Sie haben die beste Frau gefunden, die es unter dem Sternenzelt gibt. Sie dankt mit Vertrauen und Liebe, was Sie ihr selbst zu geben bereit sind.

Die Löwe-Frau

Schon als Kind wurde sie herumgereicht. Ist sie nicht süß, die Kleine? Sie war Omas Liebling und durfte sich mehr erlauben als andere Kinder. So wuchs sie heran – schon mit achtzehn eine Dame vom Scheitel bis zur Sohle: Die Löwe-Frau, königliche Haltung, selbstbewußt, ohne Skrupel, so daß sie jeden beherrschen würde, der es mit ihr zu tun hat.

Ihr Antriebsmotor wird mit Sonnenenergie gefüttert. Wer wollte es da wagen, sie aufzuhalten auf ihrem Weg zu Ansehen und Wohlstand? Das Plätzchen an der Sonne, die ja ihre Geburtsherrscherin ist, wird ihr niemand nehmen können.

Unter Minderwertigkeitskomplexen leidet die Löwe-Frau nicht, eher darunter, daß ihr nicht alle Männer zu Füßen liegen, um ihr zu huldigen. Sie ist anmutig und klug und setzt ihren Sex-Appeal ein, wenn sie auf die Jagd geht nach dem Mann, der ihr gefällt und gleichzeitig auch etwas mitbringt, das sich mit der Zeit in ein erkleckliches Sümmchen umsetzen läßt. Sie sieht zwar auch auf Titel, aber die Mittel wären ihr noch lieber.

Wer da nun glauben möchte, sie sei berechnend und könne nicht allein aus Liebe heiraten, der ist im Irrtum. Natürlich ist immer Liebe im Spiel, wenn die Löwin sich einen Mann fängt. Ist es ihre Schuld, daß unter den Bewerbern um ihre Gunst mehr Aristokraten, Manager und Akademiker sind als Leute aus dem einfachen Volk, dem sie doch so huldvoll zugetan ist?

Manche halten sie für eitel, oft sogar für arrogant. Die Gründe scheinen diesen Kritikern einer Löwe-Frau recht zu geben: Sie schmückt sich gern mit teurem Geschmeide und zeigt gegenüber Leuten, mit denen sie bekannt wird, eine geradezu herablassende Freundlichkeit. Wer das mit Eitelkeit und Arroganz verwechselt, bedenkt nicht, daß die Löwe-Frau aus königlichem Geblüt stammt, zu dem Gold und glitzernde Brillanten ebenso gehören wie eine huldvolle Haltung.

Wer sie näher kennenlernt, wird von ihr begeistert sein. Sie hat Fabuliertalent: Die schönsten Märchen werden Ihnen von einer

Löwe-Frau erzählt. Männer, die um ihre Gunst buhlen, glauben ihr aufs Wort und fühlen sich als Märchenprinzen. Sie kann bezaubernd lachen - ein bißchen Berechnung steckt freilich dahinter, weil sie als kluges Kind genau weiß, daß Lachen eine Frau verschönt. Das sollte man ihr nicht zum Vorwurf machen. Welche Frau will nicht schön sein?
Jede Löwe-Dame fühlt sich auf Gesellschaften wohl, deren Mittelpunkt sie - zu Recht! - sein kann. Wenn sie dazu keine Gelegenheit hat, bleibt sie zu Hause und lädt sich Gäste ein, die von ihrer Kochkunst und dem Tischschmuck begeistert sein werden. Majestät empfängt - na und? Man sollte sie loben. Lob mag sie gern. Und ihr teure Blumen mitbringen, dann darf man wiederkommen. Oder einfach nett zu ihr sein, dann tut's auch ein Sträußchen Vergißmeinnicht.
Ihre geradezu sprichwörtliche Großzügigkeit wird oft ausgenutzt von Schmeichlern, die ihr Liebe heucheln. Wenn die Löwe-Frau das bemerkt, ist es oft schon zu spät. Dann hat sie möglicherweise den Heuchler am Hals und kriegt ihn nur per Scheidung los. Keine dieser Sonnen-Frauen läßt sich gern scheiden. Das schadet ihrem Ansehen. So hält manche die Ehe zum Schein aufrecht und vergnügt sich heimlich mit einem anderen Mann, der ihr mehr zu bieten hat.
Um es klarzustellen: Löwe-Frauen sind treu wie das Gold, mit dem sie sich schmücken. Und es ist nie ihre Schuld, wenn ein Verhältnis bröckelt. Es ist immer der Mann, der enttäuschte. Vielleicht ließ er ihr nicht genug Freiheit in den eigenen vier Wänden oder spielte sich als Herr im Hause auf. Möglicherweise verbot er ihr, sich weiter in ihrem Beruf zu betätigen, in dem sie gerade auf dem Weg nach oben war.
Es gibt viele Gründe für die Unzufriedenheit einer Löwe-Frau, die zu anderem geboren wurde als »nur« zur Hausfrau und Mutter. Patriarchen und Paschas in der Ehe erkennt sie nicht an. Sie ist für die totale Gleichberechtigung, in der ihr der Kavalier das Sagen läßt.
Dabei ist sie so anschmiegsam und kann so zärtlich sein. Wer die blauen Stunden einer Löwe-Frau kennt, wird von ihr schwärmen. Sie ist, wenn es darauf ankommt, die weiblichste aller Frauen, mit dem Gespür für alle Nuancen des Liebeslebens.

So wirbt man um eine Königin

Sie ist es schon wert, daß man um sie wirbt. Nur schade, daß es da Zulassungsbeschränkungen gibt. Wenn sie mit einem Mann flirtet, heißt das noch lange nicht, daß sie ihn auch mag. Sie testet ihn nur, wie weit er geht, mit welcher Eleganz er seine Werbung vorbringt und mit welchem Respekt er sie, die Königin, behandelt. Da ist mancher nicht für gut befunden worden, der sich schon dicht vor dem Ziel seiner Wünsche sah.
Man schmeichle ihr, wenn man ernsthafte Absichten hat, aber trage nie zu dick auf. Man komme wie zufällig auf ihre Hobbys zu sprechen und bewundere ihre Talente. Man führe sie groß aus und lasse sie bestellen, was ihr Herz begehrt. Löwe-Damen sind Feinschmecker und lieben das Flair der großen Welt in einem Drei-Sterne-Restaurant. Sie hat durchaus nichts dagegen, wenn sie auch einmal das Essen bezahlt. Schließlich ist sie spendabel dabei, und überdies könnte der Mann via Speisen und Getränke Ansprüche stellen, die sie nicht erfüllen will. Sie hat etwas gegen die Art »Hasch mich, ich bin der Frühling«.
Wenn ein Bewerber etwas von ihr will, sollte er den Antrag stellen, und sie wird ihn prüfen. Selten geht eine Löwe-Frau gleich mit dem ersten besten ins Bett, nur weil er ihr auf Anhieb gefiel.
Selbst die Liebe auf den ersten Blick muß Prüfungen bestehen. Kandidaten, denen das nicht paßt, läßt sie laufen, und wenn sie zunächst noch so verliebt in sie war. In den zwischenmenschlichen Beziehungen will sie Haltung bewahren, auch wenn ihr dadurch ein paar Supermänner durch die Lappen gehen.
Bester Rat an einen Bewerber um ihre königliche Gunst: Kritisieren Sie Ihre Löwe-Dame nie. Da sie Selbstkritik nicht kennt, wie sollte sie Kritik von anderen ertragen können? Und selbst, wenn sie sich einmal in ein Thema verrennt, von dem sie nicht allzuviel Ahnung zu haben scheint, hören Sie ihr geduldig zu und widersprechen Sie ihr nicht. Kommen Sie lieber geschickt auf ein anderes Thema, von dem sie mehr versteht. Sie wird es Ihnen danken.

Sex-Vergnügen im Himmelbett

Wen die Löwe-Frau zu sich nach Hause einlädt, der hat halb gewonnen. Er ist der Ritter, der das Herz der erhabenen Schönen schon fast geknickt hat. Er sollte Kavalier bleiben und sich nicht gleich nach dem Schlafgemach erkundigen. Löwe-Frauen lieben vor dem Einschlafen Gute-Nacht-Geschichten. Und sie wollen auch dann noch als Damen behandelt werden, wenn sie ihr duftiges Negligé angezogen haben, bei dem die knappe Unterwäsche durchscheint. Wer da den wilden Mann spielt, bekommt eins auf die Finger und Mantel und Hut für den Nachhauseweg.

Die Löwe-Frau spielt sogar noch gern die Unschuldige, wenn ihre Männerbekanntschaften und Liaisons stadtbekannt wurden. Man sollte mitspielen, sonst hat man verspielt. Natürlich reagiert sie auf Zärtlichkeit. Sie kann wie ein Kätzchen schnurren, wenn sie gestreichelt wird. Aber sie macht es dem Mann schwer, er muß den rechten Augenblick wissen, in dem sie bereit ist. Sie tritt als Verführerin auf, trägt aber nichts dazu bei, gemeinsames Wollen in die Tat umzusetzen.

Für sie ersetzt solche Haltung einen Teil des Vorspiels. Sie will die Lust wachsen sehen, bevor man der Leidenschaft ihren Lauf läßt. Obwohl sie in Sachen Sex selbst nicht allzu erfinderisch ist, macht sie alles mit. Wenn man sie auch noch während des Liebesaktes bewundert, bedeutet ihr das mehr als ein flottes Spielchen, bei dem man die Glieder verrenkt.

Sie genießt Sex als die selbstverständlichste Sache der Welt, kann jedoch genauso gut enthaltsam sein: Sex darf, muß aber nicht sein. Und wenn sie ihn betreibt, muß, wie in allem, was die Löwin tut, die Umgebung stimmen. Ein Himmelbett wäre da gerade richtig. Auf Heu und auf Stroh würde sie sich unglücklich fühlen.

Auch im Bett will sie mitbestimmen. Das müssen sich allzu forsche Ritter merken, die im Weibe nur das Lustobjekt sehen. Sie sollten sich voll auf die Löwe-Frau konzentrieren und so tun, als sei das, was man da vollführt, ja eigentlich nur der Löwin ureigenste Idee.

In der Ehe gibt sich das dann sowieso ein bißchen. Allzu lasche Ehemänner seien vor Lustlosigkeit gewarnt: Die Löwe-Frau kann zwar, wenn sie es will, wochenlang enthaltsam bleiben, gesteht dieses Recht aber nicht dem Manne zu.

Mit dem Kavalier ans Ende der Welt

Wenn Sie der langjährige Ehemann einer Löwe-Dame sind, können Sie glücklich sein. Sie haben eine Frau, mit der Sie sich zeigen können, aber auch eine, die Sie als Kavalier schätzt und liebt. Sie sollten ihr weiter die Mitverantwortung am Schicksal Ihrer Familie lassen und ihre Wünsche erfüllen. Sie wird darauf achten, daß genügend Geld für deren Erfüllung auf der Bank liegt.
Schenken Sie ihr edlen Schmuck und viele Blumen, mit denen sie das gemeinsame, von ihr so geschmackvoll ausgestattete Heim schmücken kann. Lassen Sie ihr die Erziehung der gemeinsamen Kinder. Sie ist die beste Mutter, bei der nur begabte Kinder aufwachsen.
Laden Sie sich Gäste ein, damit sie glänzen kann. Oder führen Sie sie ab und zu groß aus. Auch auf Reisen geht die Löwin gern, aber sie verabscheut Hotelzimmer mit durchgelegenen Betten ohne Bad und WC. Da bleibt sie lieber zu Hause, wo es gepflegter zugeht.

Die Jungfrau-Geborene

Erst einmal täuscht das Bild: Keine Jungfrau-Geborene will um jeden Preis Jungfrau bleiben. Gewiß, sie hat moralische Grundsätze, die in eine idealistische Anschauung über Ehe und Familie münden. Manch einer mag sie auch für prüde halten, wenn sie nicht gleich nach dem ersten Kennenlernen zur Sache kommt, sondern sich oft wochenlang ziert, so daß allzu feurige Jünglinge bald kalte Füße bekommen.

Zu sehr spielt bei der Jungfrau in der Liebe auch der Verstand mit, der ständig wägt und wohl nur dann wagt, wenn von einem Wagnis eigentlich schon gar nicht mehr gesprochen werden kann. Mit anderen Worten: Die Jungfrau möchte sich nicht zum Schleuderpreis verhökert sehen, sie will sich so teuer wie möglich verkaufen. Wer da nichts springen läßt, wird beizeiten abgehalftert.

Es fällt der Jungfrau leichter als anderen Sternenkindern, auch einmal auf den Sex ganz zu verzichten. Sie kann jungfräulich bleiben, wenn es nicht anders geht. Nicht um jeden Preis will sie Ehefrau spielen. Als alleinerziehende Mutter steht sie ihren »Mann«.

Allzu forsche Lebemänner weist sie von vornherein ab. Auf Playboys fällt sie nur herein, wenn diese an ihrer Seite eine schauspielerische Glanzleistung aufs Parkett legen und sich so verstellen können, daß selbst der für ihre Klugheit und Lebensweisheit bekannten Jungfrau nichts auffällt. Aber solche Genies sind selten und haben meistens andere Objekte für ihren Eros gefunden.

Eine Jungfrau läßt sich nicht verführen, es sei denn, sie hätte selbst ernste Absichten auf den Verführer. Dann müßte er aber schon den Liebestest bei ihr bestanden haben: Jungfrau-Damen sind recht pingelig und wollen ihre Geliebten erst gründlich prüfen, bevor sie sich mit ihnen näher befassen. Dabei ist das Sexuelle zunächst Nebensache. Das Menschliche vor allem muß stimmen, ehe man zum Allzumenschlichen übergeht.

Männer, die bei einer Jungfrau ihre Reifeprüfung bestanden, können sich glücklich schätzen. Es sind moralisch gefestigte Charaktere, Menschen, die sich im Leben durchzusetzen verstehen und dar-

über hinaus den einmaligen Vorzug genießen, das Herz einer Jungfrau geknickt zu haben.
Sie ist schon ein rätselhaftes Wesen, diese Jungfrau. So leicht kann man ihr's kaum recht machen. Mit Ernst und Würde geht sie an die Dinge heran, auch an die Liebe. Sie schätzt das Dezente: Kaum eine Jungfrau wird sich mit glitzernden Klunkerchen behängen und Weihnachtsbaum spielen. Kosmetika sind für sie geschaffen, kleinere Makel auszugleichen, nicht aber dafür, sich um jeden Preis begehrenswert und schön zu machen. Sie ist zwar eine moderne Frau, aber sie macht Modetorheiten nicht mit. Sie verabscheut Kleider in leuchtenden Farben und von auffälligem Schnitt. Trotzdem ist sie raffiniert genug, bei der Kleidung ein wenig von der guten Figur erahnen zu lassen, die darunter steckt.
Natürlich wirft sie ihre Angel aus, wenn sie sich einen Mann an Land ziehen möchte. Die Liebe auf den ersten Blick ist ihr keine unbekannte Größe. Aber sie hat auch ein gesundes Mißtrauen gegen sich selbst. Ihr kritischer Verstand schlägt rechtzeitig Alarm, wenn irgend etwas nicht stimmt. Und deshalb werden Männer von der Jungfrau stets erst auf den zweiten Blick geheiratet.
Niemand hat mit ihr eine schlechte Wahl getroffen. In ihrem Heim wird alles nur so glänzen. Hinter jedem Stäubchen ist sie her – freilich auch hinter der Zigarrenasche, die ihr Ehemann unabsichtlich auf den teuren Teppich fallen ließ. Solch nonchalante Art mag sie nicht, sie wird sie rügen. Und wenn der Getadelte nicht einsieht, daß Sauberkeit im Jungfrau-Haushalt oberstes Gebot ist, setzt's einen Ehekrach, der sich gewaschen hat.
Sie ist eine sparsame Hausfrau, aber für die Gesundheit ist ihr nichts zu teuer: Viel frisches Gemüse und knackiger Salat müssen auch im Winter auf den Tisch, selbst wenn solch Grünzeug fast ein Vermögen kostet. Geizig ist die Jungfrau nicht, nur konsequent. Sie überlegt zuerst, ob es auch nützt, was sie anschafft. Dann erst entschließt sie sich und beachtet den Einspruch des Gatten nicht.

Charmant müßte er sein...

Ein herziges Wesen ist diese Jungfrau-Dame. Sie wird Ihnen zulächeln, wenn Sie neben ihr im Kaffeehaus sitzen. Und sie kommt gern mit Ihnen ins Gespräch. Literatur und Kunst interessieren sie sehr, aber auch die neuesten Börsennotierungen (das kommt vom Merkur, ihrem Geburtsplaneten). Sie kann gut zuhören, sobald ihr aber etwas nicht plausibel genug erscheint, wird sie einhaken.

Die Jungfrau mag keine Männer, die über Dinge reden, von denen sie nichts verstehen. Hier setzt ihre Kritiklust ein, und sie schaut verwundert auf, wenn der Gesprächspartner plötzlich nach dem Kellner ruft, um zu zahlen. Sie findet solch Gehabe uncharmant: Man darf doch mal die Wahrheit ergründen wollen...

Geben Sie sich also charmant und gehen Sie auf die Jungfrau ein, auch wenn sie Ihnen schon beim ersten Kennenlernen mit ihrer kritischen Ader auf die Nerven geht. Zeigen Sie Verständnis für ihre Art und bedenken Sie, daß sie ja Interesse an Ihnen hatte und Ihnen nicht gleich die kalte Schulter zeigte.

Sie können ruhig ein Wiedersehen mit ihr vereinbaren. Die Jungfrau wird kommen, wenn sie noch ungebunden ist oder in einer schlechten Partnerschaft recht und schlecht lebt. Sie wird mit Ihnen in einen blumenreichen Park gehen oder auf einen Berg wandern. Sie können sogar Händchen mit ihr halten.

Aber erwarten Sie nicht gleich zuviel von ihr. Jungfrauen mögen Männer mit Witz und Geist, aber keine Hallodris, die immer nur das eine wollen. Es dauert schon eine Zeitlang, ehe die Jungfrau ihre Skrupel und Zweifel überwindet. Haben Sie aber ihre Tests bestanden, ist sie bereit, mit Ihnen durch die Hölle zu gehen, wo es ja bekanntlich meist sehr heiß hergeht.

Eine vorbildliche Geliebte

Die Jungfrau, die nach dem ersten Kennenlernen etwas unterkühlt erschien, taut mit der Zeit auf und entwickelt sich zur vorbildlichen Geliebten, die den Mann glücklich machen will. Sex ist zwar nicht unbedingt Sache einer Jungfrau, aber es muß nun mal sein – weshalb sich dann noch zieren?

Mehr als bei ihren Schwestern aus anderen Tierkreiszeichen muß bei der Jungfrau-Dame der äußere Rahmen stimmen. Sie achtet darauf, daß die Betten frisch bezogen sind. Wer könnte es wagen,

ungewaschen in das feine Kissen zu steigen? Die Jungfrau mag Sauberkeit in jeder Beziehung. Sie haßt Leute, die sich nicht gleich die Finger waschen, wenn sie sich schmutzig machten.
Sie ist für Reinlichkeit auch dann, wenn es ums Menschlich-Allzumenschliche geht. Woraus man ersehen kann, daß für eine Jungfrau Sex nicht das Wichtigste auf der Erde ist. Hat sie sich aber einmal zum Lieben entschlossen und stimmt ihre Umgebung mit ihren ästhetischen Ansprüchen überein, wird sie sich mit allen ihr zur Verfügung stehenden Mitteln hingeben. Selbst wenn sie nicht zum Höhepunkt kommen sollte, wird sie dafür sorgen, daß der Geliebte voll befriedigt wird. Jungfrauen haben den Willen, auch in der Liebe Leistung zu bringen. An der Seite des Mannes, den sie lieben, entwickeln sie mit der Zeit Perfektion, zu der sie vorher nur zögernd bereit waren.
Sie erfüllen ihre ehelichen Pflichten nicht nur in der Küche oder als Mitverdienerin außer Haus. Sie können einen Mann mit ihrer Zärtlichkeit überraschen und am Ende zu einer erotischen Meisterleistung anheizen.
Wenn eine Jungfrau die Hemmschwelle überwunden hat, macht sie auf sexuellem Gebiet alles mit, um dem Geliebten zu gefallen. Das deutet auf Hörigkeit hin, ist aber nichts anderes als das sinnliche Vergnügen zu zeigen, daß man auch über den eigenen Schatten springen kann, wenn man jemanden liebt.

Eine Frau mit vielen Berufen

Jungfrau-Ehemänner werden es bestätigen: Sie haben in des Wortes wahrster Bedeutung ein Goldstück geheiratet. Diese Frau hat zwar kleine Fehler, aber wenn es gelingt, diese zu übersehen, bleibt ein Mensch, den man einfach lieben muß.
Im Laufe einer Ehe hat die Jungfrau viele Berufe: Sie ist eine perfekte Köchin, eine Putzfrau aus Leidenschaft, die Buchhalterin und Mehrerin der gemeinsamen Finanzen, die herzensgute Kinderfrau und Krankenschwester. Und wenn's darauf ankommt, wird sie nebenbei zusätzlich Geld verdienen.
Wickeln Sie dieses leicht zu verletzende Wesen in Watte, und halten Sie es sich gewogen. Eine Bessere finden Sie nicht – meint

jedenfalls sie, die einzige unter dem Sternenzelt, die an die Liebe mit klugem Verstand herangeht.
Man sollte sich ruhig mal von dieser klugen Frau kritisieren lassen (meist hat sie ja recht), und man tue ihr den Gefallen, abends beim Nachhausekommen die Pantoffeln anzuziehen; das hebt ihre Laune und schont die Teppiche.
Der kluge Ehemann einer Jungfrau sollte sich nur davor hüten, sie selbst zu kritisieren. Sie wird nach tausenderlei Ausflüchten suchen, um von sich abzulenken. Und wenn alles nichts hilft, wird sie einfach sagen, er verstehe und liebe sie nicht mehr. Am Ende geht also der Schuß nach hinten los. Und die Jungfrau behält die weiße Weste.

Die Waage-Frau

Niemand schreitet anmutiger durchs Leben als die Waage-Frau. Sie hat Charme und das gewisse Etwas, von dem Männer träumen. Das Schöne daran: Jeder kann sich diesen Traum erfüllen, wenn er nur ein wenig bei Kasse ist.
Solche Venus-Tochter kommt nicht billig. Sie braucht den Schick und Duft der großen weiten Welt: Kleider nach der neuesten Mode, goldene Ketten, steingeschmückte Ringe und Duftwässerchen aus Paris, die Männer anziehen wie die Motten das Licht.
Die meisten Frauen aus dem Waage-Zeichen sind zumindest in ihren jungen Jahren beneidenswert schlank und attraktiv. Nur vielfach enttäuschte Damen unter ihnen setzen mit der Zeit Speck an und können sich dann selbst nicht mehr leiden. Diese Sorte Waage-Frau ist in der Minderzahl.
Jedes Waage-Mädchen fühlt sich zu Höherem geboren und hat den festen Willen, sich einen Mann zu angeln, der neben Ansehen und Titel auch die Mittel hat, seinem Waage-Weibchen ein Nest zu bauen, in dem es an nichts fehlt. Er müßte weltoffen und kunstinteressiert sein. Schließlich will man ja auch ab und zu mal seine Abendgarderobe unter die Leute bringen, mit ihm als glänzende Staffage für eine der schönsten Frauen.
Der Wille ist da, es weit zu bringen, allein – es mangelt an der Durchführung! In entscheidenden Minuten ihres Lebens läßt nämlich die sonst oft so oberflächliche Waage-Frau ihr Herz sprechen. Und dann hat sie meistens das Gegenteil eines Traumhelden am Hals und kann versuchen, ihn nach ihrem Bilde umzuformen.
Männer, die weder hochwohlgeboren noch akademisch gebildet sind, werden sich daran gewöhnen müssen, bei ihrer Waage-Frau ganz allmählich zu einem Gentleman umerzogen zu werden, der sich in den Smoking wirft und mit den letzten ersparten Groschen einen teuren Opernplatz neben seinem auffällig schicken Persönchen aus dem Waage-Zeichen besetzt.
Gesellschaftlicher Aufstieg ist jedem sicher, der solch reizende Dame heiratet. Er kann in einem kultivierten Heim wohnen, das

ihre persönliche Note trägt – mit Nippessachen und Antiquitäten, mit alten Stichen an den Wänden und teuren Teppichen auf dem Fußboden. Schließlich braucht die modische Schöne eine Umgebung, die sich ihr anpaßt – ja, ihre Schönheit noch unterstreicht.
Der Herr Gemahl wundert sich dann wohl, woher der ganze »Plunder« kam, und erfährt so nebenbei von seiner Waage-Frau, daß sie nach Onkel Hugo und Vetter Michel nun auch noch Tante Frieda besuchen werde, die auf dem Söller noch einige schöne Stücke stehen habe, mit denen man das eigene Heim bereichern könne. Not macht erfinderisch, heißt es bei der Waage-Dame, wenn man noch nicht über das Geld verfügt, um sein Heim zum Schmuckkästchen ausstaffieren zu können.
Obwohl es arme Waage-Mädchen eigentlich gar nicht geben dürfte, weil bei ihnen ja die ganze Männerwelt Schlange stehen müßte, seien die wenigen, die sich nichts leisten können, getröstet: Eine Waage-Frau sieht auch im billigen Fähnchen von der Stange noch bezaubernd aus. Das macht die Haltung, der Charme, die Ausstrahlung, die Geburtsherrscherin Venus ihr mit auf den Weg gab.
Jede Waage-Frau, ob arm, ob reich, braucht die Liebe als eine Art Selbstbestätigung. Ohne Liebe würde sie verkümmern oder zur frühzeitigen Matrone altern. Sie braucht die Erotik als Antriebsmotor ihres Daseins, die irgendwann einmal in eine Ehe integriert wird, in der sich alles um sie drehen muß. Männer sollten froh sein, solch eine Frau erobert zu haben.
Manche, die sich mit einem Waage-Mädchen einließen, fürchteten sich vor der Stunde Null, in der sie auf dem Standesamt ihr Jawort geben mußten, und waren fürbaß erstaunt, daß sie plötzlich ein Frauchen hatten, das bedingungslos treu zu ihnen hielt, ihnen selbst aber Freiheiten zugestand, die andere Frauen ihren Ehegatten aus begreiflichen Gründen versagen. Großzügig geht nämlich für jede Waage-Frau die Welt zugrunde. Aber: Wer betrügt schon eine Venus?!
Natürlich nimmt auch sie sich Freiheiten heraus. Wenn sie in ihrem Beruf noch weiter tätig sein möchte, wird sie nicht lange fragen, ob das ihrem Holden auch recht ist. Wenn er sie mag, sagt er sowieso zu allem Ja und Amen.
Und überdies soll er doch froh sein, wenn sie ihre teure Garderobe selbst bezahlen kann. Das hört sich verteufelt nach Egoismus an –

nur, die Waage-Frau wird's bestreiten mit Hinweis auf ihre ständige Hilfsbereitschaft gegenüber allen möglichen und unmöglichen Leuten.

Mit Komplimenten fängt man sie

Natürlich ist die Waage-Frau eitel und ein bißchen auf ihre Vorzüge eingebildet. Bewundernde Blicke nimmt sie als Huldigung entgegen, aber die allein bringen sie nicht an den Mann. Der müßte schon mehr tun, um mit ihr Hochzeit zu feiern. Am ehesten fängt man sie mit Komplimenten über ihr hübsches Kleid, ihr gutes Aussehen oder ihre geniale Kochkunst, die man auch noch loben sollte, wenn das Essen versalzen war. Die Waage-Frau wird huldvoll danken und sogar den falschen Zungenschlag übersehen, der hinter manchem Kompliment steckt. Und dann wird sie den Namen ihres Schneiders nennen (manchmal ist sie es selbst) oder den Kosmetiksalon verraten, in dem es ihr teures Parfüm zu kaufen gibt.

Waage-Frauen sind sehr redselig, wenn man sie anspricht. Selten können sie gut zuhören, falls es um anderer Leute Sachen geht. Man sollte ihr die Ichbezogenheit nicht übelnehmen. Sie kann so charmant von sich und ihren Angelegenheiten plaudern, daß man sich mit ihr in eine Wunderwelt versetzt glaubt, die Grimms Märchen deutlich in den Schatten stellt.

Wenn Sie eine Waage-Frau für sich erobern wollen, hören Sie ihr zu, und glauben Sie ihr auch mal etwas, das Dichtung mit Wahrheit vermischt. Sie wird es Ihnen danken und Ihnen bestätigen, daß Sie ein netter Gesprächspartner sind. Dann dauert es bis zur Einladung in ihr Junggesellenappartement eigentlich nicht mehr lange. Sie wird auch nicht zögern, in Ihrer Wohnung noch ein wenig zu feiern, wenn Sie ihrem Idealbild Mann ein wenig ähneln.

Trösten Sie sich darüber hinweg, wenn das Waage-Mädchen schon vor Ihrer Bekanntschaft männliche Idealbilder kennen und schätzen lernte. Sollte es deshalb enthaltsam gewesen sein, nur weil sie bis dahin Sie noch nicht getroffen hatte?

Der Bettschatz stellt Ansprüche

Waage-Frauen lieben immer den Mann, den sie gerade besitzen. Manchmal nehmen sie den ersten besten, der ihnen über den Weg läuft und bleiben ihm treu, wenn er nur bereit ist, sie ein weinig zu bewundern. Die Bewunderung sollte auch noch im ehelichen Schlafzimmer anhalten. Kurzer Prozeß sollte da nie gemacht werden. Das wäre zudem ja jammerschade.

Denn für die romantischen Stunden ihres Lebens hat die Waage-Frau manche Überraschung parat: zarte Dessous, die ihre Pfirsichhaut durchscheinen lassen, ein Make-up, das ihre Schönheit unterstreicht. Wer da nicht »Oh« und »Ah« sagt oder gar solche Kriegsbemalung im Bett überflüssig fände, ist schon unten durch. Er hat eine lustlose Waage-Frau neben sich, die keinen Spaß mehr am Vergnügen hat. Es sind tölpelhafte Männer, die der Waage-Frau den Sex vergällen können. Für wen hat sie sich denn schön gemacht?!

Sie kann der perfekte Bettschatz sein mit allem Drum und Dran, das kichernde Häschen in der Grube oder die vollendete Dame, die sich herabläßt, dem Geliebten zu gefallen. Aber sie will für ihr Schauspiel gelobt werden. Ein Mann, der gleich danach einschläft, ohne sie und ihren Körper noch einmal gebührend bewundert zu haben, ist für sie wie ein Eiszapfen, den man heimlich ins Bett schmuggelte.

Die Waage-Frau will Zärtlichkeit mit Zärtlichkeit belohnt sehen. Burschen, die nach dem antiquierten Nietzsche-Wort »Wenn du zum Weibe gehst, vergiß die Peitsche nicht« handeln, kommen bei ihr höchstens einmal zum Zuge und dann nie wieder. Schließlich will sie ihre Körperrundungen, in die sie regelrecht verliebt ist, nicht durch Liebesspiele entstellt sehen, die diesen Namen eigentlich gar nicht mehr verdienen.

Für die Liebe hat eine Waage-Frau immer viel Zeit. Und darum ist sie für ausgedehnte Vorspiele, für Konversation bei Kerzenschimmer, die einmündet in zärtliche Küsse und sanftes Liebkosen. Bei solch liebem Schätzchen sollte man nicht gleich mit der Tür ins Haus fallen.

Die nahezu ideale Ehefrau

Wenn sich die Waage-Frau einmal zur Ehe entschlossen hat, hält sie zum Gatten, auch wenn er längst nicht mehr der Adonis ihrer Mädchenträume ist. Er muß nur Gleiches mit Gleichem vergelten. Gefährlich für den Bestand des Ehebündnisses wird es, wenn die Langeweile ins traute Heim einzieht, wenn die Liebkosungen zur lästigen Pflichterfüllung werden und Gleichgültigkeit über die anfänglich lückenlose Bewunderung triumphiert. Wer bereit ist, auch noch nach der silbernen Hochzeit mit seiner Waage-Frau im Honigmond zu leben, wird mit ihr auch die goldene Hochzeit feiern können. Es sind die nachlassenden nachlässigen Ehemänner, die Waage-Frauen zu einer hohen Scheidungsrate bringen!
Man sollte mit ihnen in Frieden leben. Der kleinste Krach zehrt schon in ihren Nerven. Die Waage-Frau hat viel Verständnis für des Gatten berufliche Sorgen und nimmt immer für ihn Partei. Aber er sollte nicht zuviel von sich erzählen, weil sie das als Mißachtung der eigenen Person deuten könnte. »Fasse dich kurz« heißt hier die Devise, und danach mache man gleich einen Schwenk auf das, was sie zu erzählen hat. Eine Waage-Frau kann es nicht lassen, sich immer ins rechte Licht zu rücken. Warum also nicht für sie den Scheinwerfer spielen?

Die Skorpion-Frau

Das erste, was bei einer Skorpion-Frau auffällt, sind ihre faszinierenden Augen, die erotisches Feuer zu versprechen scheinen. Dann erst wandert selbst der geschulte Blick eines Playboys hinab zu den Beinen: Auch nicht schlecht! Diese Frau macht gute Figur in allen Lebenslagen. Und selbst wenn die rundlichen Polster im Laufe der Jahre ein wenig gewichtiger wurden, bleibt der Charme dieser glutäugigen Frau erhalten und zieht sogar Männer an, die eigentlich an etwas Gertenschlankes dachten.
Gäbe es noch heute Hexenverfolgungen, eine Menge Skorpion-Frauen müßten an den Pranger. Die Augen allein fordern ihr Opfer, das wie verhext alle anderen Blumen, die am Wege stehen, vergißt und dieser einen verfällt. Und es sind gestandene Mannsbilder, die eine Skorpionin verführt, keine Pappkameraden, die beim ersten Schuß gleich umfallen!
Diese Frau hat Sex-Appeal. Und sie setzt ihn ein. Zunächst, um zu lernen. Späte Teenager und Twens unter dem Skorpion sind sehr wißbegierig. Danach, um das Erlernte wieder an den Mann zu bringen (es können auch Männer sein!). Und das Seltsame: Wo immer sie lernte und lehrte, liebte sie das Schulungsobjekt. Aber es kam ihr möglicherweise wieder abhanden und mußte durch ein neues ersetzt werden. Beim einen lag's an der Potenz, beim anderen half der gefürchtete Skorpion-Stachel nach, um es zu vergraulen. So verflüchtigt sich die heiße Liebe der Skorpion-Frau.
Jetzt glauben Sie um Himmels willen nicht, eine Skorpionin sei eine rechte Nymphomanin, die Männer sammelt wie andere Leute Briefmarken. Sie hat nie mehrere zur gleichen Zeit. Bei ihr geht's immer hübsch der Reihe nach, und immer dem letzten Mann war sie treu. Eine Zeitlang wenigstens. Oder ein ganzes Leben!
Auch die Skorpion-Frauen kennen die Liebe auf den ersten Blick, und für manche unter ihnen ist der erste Mann zugleich auch der letzte. Aber dann hat sie Glück in der Lebenslotterie gehabt und ihr Ideal unter einer Menge von Nieten und Freilosen als großes Los gezogen. Dieser direkte Weg zum ewigen Treuebündnis ist vie-

len dieser Saturn-Schützlinge versagt. Und darum probieren einige ihr ganzes Leben lang.
Obwohl sie sonst keineswegs naiv ist, glaubt die Skorpion-Frau zunächst in jedem Mann, den sie zu lieben glaubt, das Idealbild gefunden zu haben. Zwar müßte sie noch einige Ecken und Kanten abschleifen, aber insgesamt wäre er schon recht. Schade, daß Männer auf die handwerklichen Kunststücke der Skorpion-Frau samt psychologischer Nachbehandlung oft recht negativ reagieren und vor dem Kurerfolg das Weite suchen.
Außerdem gelingt ihr der Feinschliff manchmal daneben, und das Produkt ist jene Sorte Waschlappen, die die marsisch veranlagte Dame nicht ausstehen kann. Sie will zwar den Mann auf ihre Art beherrschen, wünscht aber, daß er dabei ein ganzer Kerl bleibt. Das ist das Dilemma der Skorpionin. Und nun beginnen Sie wohl zu verstehen, warum sie es meist zu mehr als nur zu einem einzigen Mann in ihrem Leben bringt: Die einen sind ihr nicht perfekt genug, die anderen liefen einfach weg und ließen eine grollende Schönheit zurück.
Wer sie sieht, kann das nicht verstehen. Sie gibt sich so freundlich und hilfsbereit, versucht sich sogar im Berufsleben als ausgleichender Faktor. Man mag sie, würde für sie durchs Feuer gehen. Und da hat sie Schwierigkeit in der Partnerwahl? Kaum zu glauben, denken ihre Fans.

Sie hat die Qual der Wahl

Tatsächlich könnte sie an allen Fingern ein Mannsbild haben. Leider will sie nur eines, und das soll auch noch ihrer Idealvorstellung am nächsten kommen. Einfangen ließe sich mancher gern von ihrem glutäugigen Charme. Was bleibt ihr also anderes übrig, als sich einen herauszupicken aus der großen Zahl und zu hoffen, daß es der rechte sei, der ihren hohen Ansprüchen wenigstens in etwa genügt.
Sollten Sie der Auserwählte sein, den sich das Skorpion-Mädchen aus der Menge heraussuchte, machen Sie zunächst einmal gute Miene zum bösen Spiel, wenn es sich auch weiterhin Flirts mit anderen Männern vorbehält. Aber lassen Sie sich nur ja nicht ein-

fallen, Gleiches mit Gleichem zu vergelten. Ihre Skorpion-Freundin ist eifersüchtig und regiert wie eine Furie beim kleinsten scheelen Blick auf eine andere Frau. Wer je von ihrem Stachel getroffen wurde, weiß, wie sehr das schmerzt!

Machen Sie sich also nichts daraus, wenn Ihre Skorpion-Frau mit anderen Männern schäkert. Sie neigt nicht zur Vielmännerei und liebt nur einen Mann allein. Und der sind Sie, wenn Sie ihr ständiger Begleiter sind und möglicherweise auch noch die Wohnung mit ihr teilen. Und das sollte Ihnen doch bei solchem Klasseweib genügen. Wobei wir den kleinen Hinweis nicht vergessen wollen, daß sie auch nur einem einzigen Mann treu sein kann. Und auch der sind Sie – nicht nur der Anschein spricht dafür. Sie werden es an mancher verstohlenen Geste (wenn Leute dabei sind) und manchem handfesten Liebesgehabe (wenn Sie zu zweit allein sind) bemerken. Sie ist eine rätselhafte Frau, diese Skorpionin. Schon mancher Mann hoffte, hinter das Geheimnis ihres Lebens zu kommen – es gelang ihm nicht. In irgendeiner verschlossenen Schublade daheim hebt sie ihr ganz geheimes Tagebuch auf, in dem sie das Rätsel ihres Lebens niederschreibt. Versuchen Sie nie, an dieses Büchlein zu gelangen – es wäre das Ende der Beziehung!

Wie sieht nun das Idealbild Mann von einer Skorpion-Frau aus? Zunächst einmal: Er sollte treu sein und männlich dazu. Leidenschaftlichkeit in der Liebe wäre selbstverständlich und Intelligenz natürlich auch. Er sollte seiner Frau die Wünsche von den Augen ablesen und stets tun, was sie von ihm verlangt. Sie will zu ihm aufschauen können, aber zugleich sollte er ihr Knecht sein.

Das ist eine ganze Menge Holz, und eigentlich gibt es diesen idealen Ehemann gar nicht. Wenn Sie Glück haben, tut die Skorpionin bei Ihnen so, als ob. Und Sie können sich glücklich schätzen, die tollste aller Frauen erobert zu haben, um ihr dienen zu können.

Ihr Sex verlangt potente Männer

Wer sich das Herz einer Skorpion-Frau gewann, braucht nicht lange darauf zu warten, bei ihr ein- und auszugehen. Sie behandelt den Mann, den sie liebt, sowieso wie ihren ureigensten Besitz. Dieser Alleinanspruch gilt erst recht im Schlafzimmer. Beim zarten

Tête-à-tête lernt man diese leidenschaftliche Frau erst richtig kennen.
Mag sie draußen im Gesellschaftsleben die Dame sein, die sich fein und possierlich gibt – mit dem Mann ihrer Wahl allein bricht das Triebhafte aus ihr heraus. Großer Anstrengungen, mit ihr im Liebesspiel voranzukommen, bedarf es nicht. Sie wird die Aktive sein, die immer wieder neue Spielarten erfindet, um dem Partner zu gefallen und selbst viele Höhepunkte zu erlangen.
Da heißt es: je länger, desto lieber! Und das geht bekanntlich an die Kräfte, weshalb nur potenzstarken Männern geraten sei, sich eine leidenschaftliche Skorpionin zu angeln. Die Nacht ist lang, und der Einfallsreichtum einer liebebesessenen Skorpion-Frau schier unermeßlich.
Gar mancher schon mußte vor ihren hohen Sexansprüchen passen und suchte sich was Schnuckligeres, sobald er aus ihrem Blickwinkel verschwand. Andere gingen danach zunächst mal auf Kur, um sich allmählich wieder aufzurüsten. Vereinzelt findet man auch in hinterwäldlerischen Klausen Eremiten, die in der Einsamkeit darüber nachdenken, warum es am Ende mit der so herrlichen Skorpion-Frau schieflief.
Keine gibt dem Mann so viel wie sie, keine ist so anschmiegsam, so erfinderisch in Sachen Sex. Sie ist auch eine gute Hausfrau und Mutter. Wenn sie dem Mann erst mal das Jawort gegeben hat (das braucht nicht unbedingt standesamtlich beurkundet zu sein), ist sie ihm eine treue Frau, die stets für ihn und nur für ihn da ist.
Sie ist auch stolz auf diesen Mann, zu dem sie in aller Öffentlichkeit liebevoll aufschaut: Seht her, das ist er, der Supermann! Daß sie ihm daheim des öfteren einen gehörigen Krach hinzaubert, wobei die Wände wackeln und neugierige Nachbarn die Ohren spitzen, gehört nun mal zum Zusammenleben. Wo doch die Versöhnung hinterher mit Wein und opulentem Mahl und ein bißchen Tralala gefeiert werden kann!

Wie man mit ihr glücklich wird

Natürlich braucht es zum Glücklichsein mit der Skorpion-Frau einen ausgeglichenen Charakter, das Fingerspitzengefühl für ihre so üppig wachsenden Launen, die tröstenden Worte für ihre Migräne (die sie des öfteren plagt), die Leidenschaft eines liebenden, aber auch potenten Mannes und viel Verständnis für ihre überschäumende Art.

Mag sie in manchem ein Rätsel bleiben, in Wirklichkeit ist sie gar nicht so, wie es vielleicht für manchen den Anschein haben mag. Sie ist ein guter Kamerad, mit dem man die berühmten Pferde stehlen kann.

Und Ehemänner einer solchen Prachtfrau brauchen wahrhaftig nicht zu klagen, solange sie nicht selbst den Fehler machen, sie zu hintergehen. Aber wer sollte an der Seite dieses Sexy-Persönchens schon nach anderen Ausschau halten? Besseres kann er niemals finden. Denn summiert man einmal alle hier geschilderten guten Seiten einer Skorpion-Frau, dann überwiegt das bei weitem das Negative (wenn man überhaupt als negativ empfinden kann, was wir über den Schützling des Mars geschrieben haben). Und glauben Sie nur ja nicht, die Skorpion-Frau brauche auf jeden Fall einen Mann zum Leben. Sie kann sehr wohl auf eigenen Füßen stehen. Viele Unternehmerinnen aus dem Skorpion-Zeichen beweisen es. Aber trotz aller Selbstbestätigung blieben sie alle doch eines: rechte Lebenskünstlerinnen.

Die Schütze-Frau

Sie ist wie ein Schmetterling, der an dieser und jener Blume nippt und sich des Lebens in der Natur erfreut. Die Schütze-Frau hat ein weites Herz und ist stets gutgelaunt. Sie nimmt das Leben leicht und die Männer nicht allzu ernst.

Eine Schütze-Frau ist immer ehrlich. Sie sagt selbst dann noch die Wahrheit, wenn sie andere damit verletzen könnte. Manche halten sie deshalb für taktlos, andere für schwierig. Wer kann schon immer die Wahrheit vertragen?

Jede Schütze-Frau sehnt sich nach Wohlstand. Sie möchte sich nach der neuesten Mode kleiden, schaut aber auch im Wander-Look bezaubernd aus. Und Wandern ist ihr Hobby. Sie liebt die Natur, das Gebirge und das Meer und einsame Fleckchen, an denen sich Gleichgesinnte treffen.

Sie weiß sich aber auch in der großen Gesellschaft zu bewegen, bei der sie durch ihre Lebhaftigkeit und ihr waches Interesse an gescheiten Gesprächen auffällt. Was sie sagt, hat Hand und Fuß, und was sie nicht weiß, lernt sie irgendwann einmal hinzu. Ihre Auffassungsgabe ist grandios.

Sie geht beschwingt durchs Leben und stört sich nicht an dem Geschwätz alter Klatschbasen, die über ihre Abenteuer flüstern. Sie schert sich nur um ihre eigene Meinung, was andere sagen, ist ihr egal. Der Ruf einiger Schütze-Damen ist nicht der allerbeste, aber sie werden trotzdem weiter ihren eigenen Weg gehen. Was stört sie die Welt?

Zugleich ist das aber vielleicht das Liebenswerteste an einer Schütze-Frau, daß sie von ihrer einmal als richtig erkannten Meinung keinen Deut heruntergeht, daß sie ihren Idealen selbst dann treu bleibt, wenn andere darüber lästern. Sie hat viele Bekannte und noch mehr Freunde, aber sie fragt kaum jemanden um Rat. Was richtig ist, will sie selber entscheiden.

Viele halten sie für oberflächlich, weil sie ein für Spießbürger freilich recht unstetes Leben führt, weil sie sich nie recht für oder gegen etwas entscheiden kann, auch nicht für den Mann, an des-

sen Seite sie durchs Leben gehen will. Viele Schütze-Mädchen probieren oft und wechseln viel. Sie vergeben sich dabei nichts: Es wär' so schön gewesen, es hat nicht sollen sein! Und: Wer wird denn weinen, wenn man auseinandergeht?
Natürlich sucht sie auch den Ritter, der sie beschützen kann. Obwohl sie sich vor nichts fürchtet, weiß sie doch die Welt voller Gefahren. Und auch voller Männer, die stets nur das Eine wollen und danach schnell verduften. Sie zahlt es ihnen möglicherweise heim und ist noch schneller. So bleibt manch Geprellter verdutzt zurück und sagt dem Playboyleben ade.
Wenn die Schütze-Frau von einem Mann enttäuscht ist, erklärt sie ihm auf der Stelle den Grund. Das empfindet mancher als Beleidigung und Verletzung der männlichen Ehre. Im tiefsten Innern muß er sich aber eingestehen, daß es die Wahrheit war, was die Schützin von ihm sagte.
Diese absolute Ehrlichkeit brockt der Schütze-Dame manche Suppe ein, die sie nur ungern selber auslöffelt. Und sie nimmt sich alle Jahre wieder vor, endlich ihr loses Mundwerk zu halten und mit den Wölfen zu heulen. Aber das wäre gegen ihre Natur und würde ihre Fans enttäuschen.
Man mag sie nämlich sehr, weil sie so unkompliziert, so ohne Falschheit ist. An den Mann bringt sie das nicht so schnell, obwohl sie vom eigenen Heim träumt und manchmal auch von einem Stall voller Kinder. Sie ist kinderlieb und kann mit den Kleinen umgehen, nur verliert sie leicht die Lust am kindlichen Spiel.
Sie verliert nach einer Weile auch die Lust an den Männern, weshalb Junggesellinnen unter dem Schütze-Zeichen gar nicht so selten sind. Und dann beißen sie sich durch und fallen ihren Chefs auf, weil sie schneller und tüchtiger sind als die neidischen Kolleginnen. Was braucht die Schütze-Frau den Mann?

So bandelt man mit ihr an

Oder doch? Jedenfalls kann man leicht mit ihr anbandeln. Sie ist durchaus für die Liebe. Aber man sollte ihr nur nicht gleich einen Antrag machen. Gut Ding will Weile haben. Und überdies könnte sie den Antrag falsch verstehen und unter »versuchte Einschränkung der persönlichen Freiheit« ablegen. Schütze-Frauen müssen mit sich und ihren Gefühlen ins reine kommen und wollen erst dann entscheiden. Wie's das Pech so will, begegnet ihr ausgerechnet in der Karenzzeit ein anderer, der ihr besser gefällt. Und ein um eine vage Hoffnung Betrogener bleibt allein zurück.

Die Schütze-Frau ist gar nicht so kritisch gegenüber ihren Freunden, aber sie verlangt nach klaren Verhältnissen. Es war eine Schützin, die das standesamtliche Ja des Bräutigams mit einem klaren Nein beantwortete, weil sie erst in letzter Minute einiges aus seinem Vorleben erfuhr, das ihr zu denken gab. Man hält's mit der Moral, auch wenn man selbst nicht immer moralisch handelt.

Sie ist nicht gefühlskalt, obwohl das einige von ihr Verlassene behaupten. Sie will sich nur nicht in etwas verrennen, das am Ende ihr selbst schadet. Wer sie liebt, weiß genau, daß sie auch mal die Fünf gerade sein läßt. Sie ist tolerant und einsichtig genug, daß jeder Mensch seine Fehler hat. Und sie nimmt sich selbst davon nicht aus. Sie ist eine charmante Frau, die für ihr Leben gern lacht. Wer mit der Schütze-Frau Trübsal blasen will, hat die falsche Tonart erwischt.

Verständlich, daß die Männer reihenweise vor ihr niederknien und Schwüre von ewiger Liebe und Treue ablegen. Die Schütze-Frau glaubt kaum einem. Man müßte ihr es erst beweisen, und das braucht seine Zeit. Am besten läßt man den Eid und unterhält sich mit ihr. Aus der flotten Unterhaltung zieht sie ihre Schlüsse. Oder man lade sie zu einer Reise ein. Sie wird mitkommen und auftauen, wenn sie am Strand unter Palmen neben dem Reisebegleiter umherwandelt. Sie hat etwas übrig für laue Nächte.

Sie ist für Genuß ohne Reue

Für Liebesspiele braucht sie die vier Wände nicht. In der Natur fühlt sie sich freier. Am fernen Strand kennt sie sowieso keiner, und im Wald und auf der Heide gibt's genügend Blickschutz vor Leuten, die gerade des Weges kommen mögen.

Die Schütze-Frau hält sich eigentlich nie lange mit dem Vorspiel auf, sie will Befriedigung haben und danach in den Armen des Geliebten kuscheln. Allzu ernst nimmt sie die Liebe nicht, gar manche Urlaubsbekanntschaft wiegt sich deshalb schon in falscher Hoffnung. Die Schütze-Frau lebt in den Tag hinein. Was morgen ist, kommt erst in zweiter Linie.

Dabei ist sie durchaus der großen, der alles vergessenden Liebe fähig, wenn nur der Richtige käme, der sie so nähme, wie sie ist: als frisches Menschenkind mit sehr eigenwilligem Charakter, den niemand bändigen kann. Eine Frau, die gebunden trotzdem frei bleiben möchte in ihren Handlungen und Entschlüssen. Eine gute Kameradin, deren Eigenarten man in Kauf nehmen sollte, wenn man sie liebt.

Die Schütze-Frau ist nicht sexbesessen, obwohl sie auf Lust-Spielereien nie verzichten würde. Ihr ist es meist total gleichgültig, ob der Partner Spaß am Liebesspiel hat. Hauptsache bleibt letztlich für sie das eigene Gefühl der Entspannung danach. Das mag sehr egoistisch klingen, aber das ist nun mal so – basta!

Es ist auch ein Teil der Ehrlichkeit sich selbst gegenüber: Sex ist nicht das Wichtigste auf dieser Welt, aber da er zu den natürlichen Gewohnheiten des Menschen zählt, wird er mitgenommen und darf seinen Platz einnehmen. Überdies sind Schützinnen gelehrige Schülerinnen und lernen brav ihr Brevier.

Wie die Skorpion-Frau bleibt auch die Schütze-Frau für viele Männer ein Rätsel. Ihre Launen wechseln von einem Augenblick zum anderen. Wer da jedoch denkt, es handele sich hier um einen labilen Charakter, der sieht sich im nächsten Moment getäuscht: Schütze-Frauen haben – das traut man diesen oft zierlichen Persönchen meist gar nicht zu – einen eisernen Willen und setzen sich gegenüber jedermann durch.

Wenn sie etwas haben wollen, dann bekommen sie es auch – selbst den Mann der besten Freundin, der ihnen schöne Augen machte. Trotzdem ist die Schützin kein leichtes Mädchen, das auf jeden Dahergelaufenen hereinfällt, sondern eine Frau mit Verstand, die recht wählerisch ihre Gunst verschenkt.

Man führe sie an langer Leine

Der Mann, der sie zum Jawort brachte, kann nicht nur stolz auf diese Frau sein, sondern auch ein bißchen auf sich selbst. Er sollte ihr das mit anhänglicher Liebe lohnen und übersehen, wenn sie mit dem letzten Ersparten allein in Urlaub fährt, um sich vom ehelichen Zusammenleben zu entspannen. Schütze-Frauen brauchen irgendwann einmal Abstand – auch eine Zeitlang von dem Mann, den sie lieben.

Gut beraten ist jeder Ehemann, der seine Schütze-Frau gewissermaßen an langer Leine führt, der ihr Spielraum läßt für ihre Freiheitssehnsüchte, der mit ihr über alles ehrlich redet, auch über seine Gehaltsabrechnung. Sie hat sehr viel Sinn für Geld und feste Werte, die ihr ein Leben in einigem Luxus erlauben. Das sei darum allen Aspiranten um die Gunst einer Schütze-Frau gesagt: So ganz billig kommt sie nicht, trotz aller Naturverbundenheit und kostenlosem Wandern auf Schusters Rappen.

Aber Sie handeln sich dafür einen sonnigen Typ mit hochherrschaftlichen Launen ein, dessen Temperament das Haus belebt und den Ehemann manchmal außer Atem bringt. Sie wird nach Harmonie streben. Sie mag keinen Streit, schon gar nicht den um des Kaisers Bart. Sie wird auch eine gute Hausfrau sein, aber kaum ohne all die elektronischen Maschinen auskommen, die jede Hausarbeit erleichtern.

Jupiter, der Glücksplanet aller Schützen, wird seinen Schützling nicht vergessen und dafür sorgen, daß diese reizende Frau schließlich doch das Glück an der Seite eines liebenden Gatten genießen kann.

Die Steinbock-Frau

Wer ihr zum ersten Male begegnet, kann sich täuschen: Die Steinbock-Frau ist nicht das schüchterne Hascherl, wie sie auf den ersten Blick erscheint, dieses mädchenhafte Wesen, von dem man auf Anhieb annehmen könnte, es fiele einem im nächsten Augenblick in die Arme, wenn man es nur ein wenig streichle.

Diese Frau verbirgt hinter der weiblichen »Schale« einen sehr harten Kern. Sie ist selbstbewußt, beharrlich und geht stur auf ihr Ziel los, das sie sich gesteckt hat. Emanzipation ist für sie kein Schlagwort – sie wird praktiziert! Selbst aus kleinsten Verhältnissen stammende Steinbock-Frauen kennen nur den einen Weg: den nach oben! Sie wollen mehr als nur Mitläufer sein, zur Not sogar den Mann übertreffen, dem sie sich per Jawort lebenslang verpflichteten. Das gelingt nicht jeder, denn das Streben nach Höherem wird auch im Liebeswerben sichtbar. Eine Steinbock-Frau sieht nicht nur den Mann als solchen, sondern auch seinen Beruf, seinen Titel, seine soziale Stellung. Anders ausgedrückt: Sie nimmt auf ihrem eigenen Weg nach oben die Stufe mit, die er höher steht.

Es ist die Liebe auf den zweiten Blick, die von einer Steinbock-Frau bevorzugt wird. Man ächte sie deswegen nicht als berechnend und überegoistisch. Dem Mann, den sie sich auf beschriebenem Wege geangelt hat, ist sie eine treue Frau, die ihm alles geben wird, nach dem Herz und Sinn begehren. Wenn er nur einsehen wollte, daß sie für ihn nicht allein auf der Welt ist! Eine Steinbock-Frau hat nämlich neben dem Herrn Gemahl meist noch ein »Verhältnis«, dem sie oft mehr Zeit opfert als den ehelichen Pflichten. Da ist einmal der Beruf, den viele Steinbock-Frauen selbst dann noch weiter ausüben werden, wenn ihnen der Ehemann mit seinem Einkommen goldene Berge zaubern könnte. Da ist zum zweiten die fürsorgliche Mutter, die ihre Kinder in der Gunst meist über deren Vater und Erzeuger stellt, so daß dieser sich manchmal etwas in die Ecke gedrängt sieht.

Das Eheleben allein genügt der Steinbock-Frau einfach nicht. Sie heiratet oft schon in jungen Jahren, will aber gerade dann in der

Ehe unabhängiger sein, als sie es vielleicht zuvor im Elternhaus war. Sie braucht das sogenannte zweite Leben, um glücklich zu sein und sich bestätigt zu sehen. Sie hat den Ehrgeiz, selbst Geld zu verdienen, mit dem sie machen kann, was sie will. Wird's gebraucht, steuert sie es selbstlos zum Familienunterhalt bei. Versetzt sie der Mann in die Lage, sorglos zu leben, legt sie einen Teil des Verdienstes in schicke, sündteure, aber unauffällige Kleidung an oder kauft sich auch Sachen, die ihr aus einer Laune heraus im Augenblick gefielen, anschließend jedoch oft zu Hause unbenutzt und noch im Geschenkpapier eingepackt herumliegen.

Den größeren Teil ihres Selbstverdienten wird die Steinbock-Frau selbstverständlich in festen Werten anlegen, in Sparkassenbüchern und Bausparbriefen oder auch in Aktien, die Jahr für Jahr hohen Zins abwerfen. Denn in ihrem Streben nach Sicherheit verläßt sich die echte Steinbock-Frau nie allein auf das Vermögen des Mannes. Wird sie Mutter und reicht das Geld des Ehemannes vorne und hinten nicht aus, hat sie plötzlich drei Berufe, von denen sie mindestens zwei perfekt ausüben wird. Und das sieht dann vielfach so aus: Sie nimmt sich eine Halbtagsbeschäftigung in Stunden, in denen sie die Kinder nicht brauchen, und erzieht in der »Freizeit« ihre Sprößlinge hart, aber gerecht (Kinder von Steinbock-Müttern sind nicht umsonst oft Klassenbeste!).

Der Rest des Tages – für den gemeinsamen Schlaf reicht's allemal – wird dem Manne gewidmet, der allerdings damit rechnen kann, bald zu Haus- und Grundbesitz zu gelangen, weil seine Steinbock-Frau sich nun einmal in den Kopf gesetzt hat, außerhalb des Arbeitsplatzes in den eigenen vier Wänden zu leben.

Diese vom gestrengen Saturn beherrschte Frau ist trotz ihrer vielen Pflichten auch eine perfekte Hausfrau. Sie ist nicht schnell, aber gründlich. Durcheinander in ihrer Wohnung gibt es nicht, und Mann und Kinder sind angehalten, es ihr gleich zu tun. Sie weiß ein gemütliches Heim zu schaffen, in dem alles glänzt und blinkt, und sie wird gegebenenfalls auch in die Sachen des Mannes Ordnung bringen, in der er sich dann möglicherweise nicht mehr zurechtfindet.

Wem das nicht paßt, den verweist die Steinbock-Frau aus ihrem Leben. Wissen Sie nun, warum manche dieser Saturn-Schützlinge allein bleiben?

So schmilzt der »Eisberg« dahin

Wer eine Steinbock-Frau erobern will, wird sehr bald einsehen lernen, daß da nichts zu machen ist; denn am Ende erobert sie den Mann! Sie wird oft fälschlich mit einem Eisberg verglichen, weil sie sich manchen Männern gegenüber unnahbar gibt. Tatsächlich ist ihre Kontaktfreudigkeit beschränkt. Sie kann sehr gut allein sein, es genügt ihr oft schon, im Beruf unter die Leute zu kommen und mit denen ein Schwätzchen zu halten.

Wir sagten es schon: Die Steinbock-Frau wirkt auf den Mann, auf den sie es abgesehen hat, oftmals wie ein schüchternes Lämmchen, unter dessen Fell sich aber sehr viel weibliche Raffinesse verbirgt. Man beachte daher bei ersten Kontaktgesprächen die Zwischentöne, etwa wenn man über Religion und Familie, über das teure Leben oder die gemeinsame Bekannte spricht, deren Männerfreundschaften stadtbekannt sind. Sie wird immer etwas Persönliches einstreuen. Hier hake man fest, streife wie unabsichtlich ihre Hand und flechte ebenso Persönliches ein. Nur hüte man sich vor Angeberei, die kann eine Steinbock-Frau nicht ausstehen. Komplimente über gutes Aussehen mag sie, aber sie weiß sehr wohl zu unterscheiden zwischen aufrichtiger Bewunderung und nur auf den Flirt beschränkte Ansprache. Allzu schnelle Liebeserklärungen bedeuten ihr nichts, ihr gilt ein tiefer, verstehender Blick mehr als überschwengliche Worte. Aufrichtigkeit schätzt sie sehr.

Die Steinbock-Frau liebt die Heimlichkeit. Trotzdem wird sie ihren besten Freundinnen von dem Manne erzählen, mit dem sie sich unter Ausschluß der Öffentlichkeit trifft, so daß nie lange geheim bleibt, was die Steinbock-Frau heimlich treibt.

Sie nimmt nichts leicht: Wenn sie sich einmal vorgenommen hat, einen Mann für sich zu erobern, wird sie ihre scheinbare Schüchternheit bald ablegen und im zärtlichen Tête-à-tête beweisen, daß ein »Eisberg« sehr wohl schnell dahinschmelzen kann.

Potente Liebhaber sind gefragt

Wenn sie sich einmal dazu entschlossen hat, mit dem Mann ihrer Wahl ins Bett zu gehen, kennt sie kein langes Fackeln. Das Vorspiel

mag aus einem Drink bei gedämpftem Licht bestehen, mehr braucht sie nicht, um schließlich zu beweisen, wie leidenschaftlich eine Steinbock-Frau im Sexuellen sein kann. Wie beim Tanzen übernimmt sie auch in partnerschaftlichen Lustspielen gern die Führung.
Sie findet sich schnell zurecht in dem, was ihr am besten gefällt, da braucht der Partner gar nicht so lange den Lehrmeister zu spielen. Nur ausdauernd sollte er sein: Potente Liebhaber sind bei Steinbock-Frauen am meisten gefragt.
Am Ende erreicht jede Steinbock-Frau ihren Höhepunkt, wenn man sie nur machen läßt. Da ist nichts mehr von der Kälte eines Eisberges zu spüren, da ist nur noch das Ziel, die Lust zu befriedigen und sich selbst als Vollweib bestätigt zu finden.
Trotz ihres sonst so nüchternen Wesens braucht gerade die Steinbock-Frau viele Streicheleinheiten. Sie sehnt sich am Ende eines Arbeitstages nach Zärtlichkeit und restloser Hingabe. Der Mann, der ihr das nicht geben kann, wird bald die Kehrseite der Medaille erkennen müssen: Sie zeigt ihm mit Enthaltsamkeit die kalte Schulter oder sucht sich möglicherweise einen Hausfreund, der ihren Wünschen mehr entgegenkommen kann als der, von dessen potenter Männlichkeit sie nicht mehr überzeugt ist.
Letzter Ausweg für eine enttäuschte Steinbock-Frau: Sie wählt die Einsamkeit oder tut sich mit einer Freundin zusammen, mit der sie über die ach so unzuverlässigen Männer lästern kann.

Wie man eine Steinbock-Frau hält

Die Steinbock-Frau ist kein Sammelobjekt für Playboys und ewige Junggesellen. Zwar macht sie jedes Spiel mit, bei dem sie ein Ziel vor Augen hat, aber sie will ernst genommen werden.
Sie muß seelisch mit dem Mann übereinstimmen, dem sie ihre besten Jahre schenkt. Er sollte Verständnis für ihren Willen zur Selbständigkeit haben, darf nicht darüber klagen, wenn er zurückstehen muß, solange Beruf, Hausarbeit oder Kinder ihre Zeit beanspruchen. Er sollte jedoch immer in ihrer meist sehr kurz bemessenen Freizeit für sie da sein. Kleine Aufmerksamkeiten beweisen ihr, wie sehr man sie liebt und verehrt.

Natürlich weiß die Steinbock-Frau, daß sie wegen ihrer vielen selbstgewählten Pflichten leicht überfordert ist. Will man sie behalten, spreche man diesen Punkt nie an. Tief im Innern nämlich bohrt in jeder Steinbock-Frau der Minderwertigkeitskomplex, auf irgendeinem ihrer Spezialgebiete nicht für voll genommen zu werden. Man mache ihr Mut und ändere in ihrem Leben nichts. Die Steinbock-Frau ist schließlich gescheit genug, eines Tages selbst zu erkennen, was sie zu tun oder zu lassen hat. Schade, daß manchem ihrer Partner oft zu früh der Geduldsfaden reißt.

Die Steinbock-Frau würde nie einem Manne nachlaufen, der sie verließ. Er wird aus ihrem Leben gestrichen. Verletzter Stolz läßt die Liebe sterben. Es sind die verlassenen Männer, die ihr jenen Spitznamen gaben, mit der die Steinbock-Frau trotz mancher hieb- und stichfester Gegenbeweise leben muß: Madame Eisberg.

Die Wassermann-Frau

Als Kind kletterte sie mit den Buben auf die Bäume und holte sich Äpfel aus Nachbars Garten. Sie heckte die tollsten Lausbubenstreiche aus und galt doch als die »liebe Kleine«, der man einfach nicht glauben wollte, wenn sie gestand: »Ich war's!«
Ein bißchen von jener kindlichen Lausbüberei rettet die Wassermann-Frau auch ins Erwachsenendasein hinüber. Sie kann von einem Augenblick auf den anderen von Ernst auf Fröhlichkeit umschalten. Und dann sitzt ihr der Schalk im Nacken. Sie ist stets zu lustigen Streichen aufgelegt. Es macht ihr auch nichts aus, wenn man sie selbst mal zum Narren hält. Sie kann Spaß vertragen, allerdings nur, wenn sie dazu gerade aufgelegt ist.
Immer steht die Wassermann-Frau irgendwie in Opposition zu ihrer Umwelt. Der kleinste schiefe Satz kann sie in Angriffsstellung bringen. Und dann gibt ein Wort das andere, und der schönste Krach um weniger als ein Nichts beginnt.
Die Wassermann-Frau braucht Streitgespräche wie das tägliche Brot. Sie bringen ihr Blut in Wallung und lassen es wieder besser zirkulieren. Viele Wassermann-Frauen haben einen labilen Kreislauf. Aber sie hängen ihre Leiden nie an die große Glocke und kurieren vieles selbst, was andere gleich ins Krankenhaus bringt. Sie schwören auf Naturheilmittel. Der Arzt ist für sie der beste, der sie ihnen verschreibt.
Die Wassermann-Frau hat eine positive Lebenseinstellung. Ihre geistige Regsamkeit hält bis ins hohe Alter an. Nur die Nerven spielen ihr manchen Streich, was meist auf ihre seelische Bereitschaft zu Kontrastellungen zurückzuführen ist.
Sie ist ein schillerndes Persönchen, aus dem die Männer kaum klug werden können. Aber gerade das macht sie neugierig auf die Wassermann-Frau, die in jungen Jahren durchaus bereit ist, es mal mit diesem und mal mit jenem zu versuchen, wenn er nur drei Schritte vom Leibe bleibt, bis sie ihm erlaubt, näher zu treten.
Die Wassermann-Frau sieht sich bei aller Flirtbereitschaft, die sie tagtäglich beweist, sehr wohl die Männer an, die sich an sie heran-

machen. Und wenn sie auch durchaus für ein lockeres Verhältnis ist, das »so nebenbei« läuft und kaum tief schürft, geht sie doch nicht mit jedem Hergelaufenen ins Bett. Sie hat viel Herz zu verschenken, aber das sitzt auf dem rechten Fleck und verlangt den harmonischen Widerhall. Sie will einen Gentleman an ihrer Seite wissen und keinen Stürmer und Dränger, der mit »Hoppla, jetzt komm' ich!« ihre Sexbereitschaft testen möchte. Sex ist für jede Wassermann-Frau eine Sache, über die man reden kann, die Erlaubnis zur technischen Durchführung möchte sie sich in jedem Fall selber vorbehalten. Hat sie ihre Erlaubnis gegeben, ist sie ganz sinnliche Hingabe. Im anderen Fall lernte schon mancher Bewerber bei ihr eine Gefühlskälte kennen, die Frigidität erahnen ließ.
Auch die Unberechenbarkeit ist es, die Männer zu der Wassermann-Frau hinzieht. Langeweile bekommen sie jedenfalls kaum bei ihr. Sie kann auf vielen Gebieten mitsprechen und tut es mit Elan und Engagement. Daß sie dabei manchmal über das Ziel hinausschießt, mag man mit ihrer Impulsivität entschuldigen.
Sie bereut immer, wenn sie etwas falsch gemacht hat, und ist stets zur Wiedergutmachung bereit. Sie glaubt sich zwar immer zunächst im Recht, kann aber keine Ungerechtigkeit vertragen. Und da sie vor sich selbst vor allem bestehen will, kriecht sie manchmal zu Kreuze. Wie wir meinen: der schönste Zug der Wassermann-Frau. Was dann die Leute hinterher über sie sagen, schert sie wenig. Und wenn Freunde hinter ihrem Rücken tuscheln und reden, wird sie sich von ihnen abkehren und neue suchen. Sie mag keine Klatschbasen!

Ein bißchen Spaß an ihrer Seite

»Heirate und du lachst dich kaputt!« Dieser Seufzer stammt von einem Ehemann, der kürzlich die silberne Hochzeit feierte – mit einer Wassermann-Frau! Etwas Wahrheit ist an dem Satz dran: Wassermann-Frauen suchen sich gern die fröhlichen Typen aus ihrem Freundeskreis aus, um mit ihnen ernst zu machen. Sie wollen, daß man Spaß daran hat, an ihrer Seite zu leben.
Vom Uranus, ihrem Planetenbeherrscher, hat sie viel Originalität mitbekommen, ebenso das stete Streben nach Unabhängigkeit.

Das sollte sich jeder vorab merken, wenn er um ihre Gunst buhlt. Sie schätzt auch an ihrem jeweiligen Partner das Originelle, seine ungezwungene Art, den Menschen zu begegnen. Das braucht ja nicht gleich in krampfhafte Fröhlichkeit auszuarten.
Die Wassermann-Frau mag keine falschen Töne. Für sie muß der Humor von innen kommen, wem das nicht liegt, der sollte es bleiben lassen. Man kann ja über die Scherze anderer lachen, wenn man selbst keine parat hat. Ein Kavalier der alten Schule muß man bei der Wassermann-Frau sein. Sie schätzt den Mann, der ihr in den Mantel hilft und ihr die Taschen trägt. Aber sie würde sich eher die Zunge abbeißen, als jemanden darum zu bitten. Irgendwann wird sie den Nachlässigen tadeln, vielleicht gerade in der Minute, da er ihr den Antrag macht. Wassermann-Frauen vergessen selbst die geringste Kleinigkeit nicht – irgendwann muß sie heraus!
Interessenten sollten sich darauf einstellen und darüber hinwegsehen, wenn sie wieder einmal das berühmte Haar in der Suppe fand. Aus gutem Grund: Läßt man sich auf ein Streitgespräch ein, wirft sie mit Tellern und Löffeln, und man hat die Beule weg. Vielleicht hat man auch die temperamentvolle Wassermann-Frau für immer verloren. Wie kann ein Mann, meint sie, der eben noch zur Liebe bereit war, um eine Kleinigkeit solch ein Theater machen?! Daß sie eigentlich die Regisseurin war, wird sie völlig übersehen.
Männer, die einer Wassermann-Frau schon lange Jahre verbunden sind, wissen, wie liebenswert sie ist, welche Herzensgüte sie ausstrahlt. Daß sie ihre Fehler hat, die sie justament am falschen Ort und zur verkehrten Zeit an den Mann bringt und zu einem Streit hochstilisiert, nimmt der Kavalier zur Kenntnis und schweigt. Er weiß ja, wie schön die Versöhnung mit einer Wassermann-Frau sein kann.

Vor allem Er soll sein Vergnügen haben

Die Wassermann-Frau verschenkt ihr letztes Hemd, wenn sie meint, ein anderer brauche es notwendiger als sie. Auch liebevolles Entgegenkommen entschädigt sie mit reichen Geschenken. Es gibt viele, die solch freigiebige Dame ausnützen – sie ist zu hilfsbe-

reit. Und obwohl sie sich immer wieder vornimmt, das nächste Mal ganz anders zu sein, wird sie den guten Vorsatz vergessen, wenn man sie braucht.
Ähnlich ist es auch in der Liebe: Sie gibt mehr, als sie nimmt. Sexualität ist für sie nicht nur ein körperliches Verlangen, sondern gründet eher auf seelischer Übereinstimmung. Der Akt als solcher ist für sie ein notwendiges Nebenbei, an dem der Partner Spaß haben soll.
Das könnte auf eine etwas prüde Grundhaltung schließen lassen, die gewissermaßen idealistisch verbrämt wird. Es ist aber etwas ganz anderes: Der Wunsch, dem Menschen, den man liebt, zu genügen, ihm etwas zu schenken – sich selbst!
In dem Bestreben, den Partner glücklich zu machen, entwickelt selbst die noch nicht so erfahrene Wassermann-Frau immer neue Varianten der Liebeskunst. Ob sie dabei selbst Befriedigung findet, ist ihr nicht so wichtig. Trotzdem ist sie danach so zärtlich wie keine andere. Wer könnte da nicht zerfließen in Liebe zu solch einmaliger Frau?
Leider ist die Zahl der Männer, die eine Wassermann-Frau enttäuschten, sehr groß. Nur zu oft gelangt sie gerade wegen ihrer sprichwörtlichen Hilfsbereitschaft an den Falschen, der den betrogenen Ehemann spielt und nun hofft, bei ihr Trost zu finden. Es sind die Hasardeure, die in fremden Betten Abwechslung suchen, auf die sie nur zu leicht hereinfällt.
In punkto Liebe ist die Wassermann-Frau, auch nach mannigfaltigen Erfahrungen, noch zu leichtgläubig. Die im Berufs- und Geschäftsleben so resolute und selbständige Frau ist oft im ganz privaten Intimbereich ein Seelchen, das alles glaubt, was ihr die Männer vorgaukeln. Auch dieser Widerspruch hat etwas mit jener wassermännischen Oppositionsstellung zu tun, von der wir bereits sprachen.

Das Rezept für ewige Partnerschaft

Diese Frau mit seelischem Tiefgang müßte eigentlich den richtigen Ehemann finden, der ihre liebenswerten Eigenschaften schätzt und ihre Fehler übersieht. Der dankbar ist für ihre so selbstlose Liebe und der mit dem richtigen Wort zur rechten Zeit die Wogen glättet, die der Wassermann aufwirbelte. Der auch mal den untersten Weg geht, wenn sie sich im Recht glaubt (sie sieht ja schon ein, wenn sie unrecht hatte). So müßte sich die Wassermann-Frau zähmen lassen.

Sie sucht zwar beständig nach dem idealen Mann, weiß aber im vorhinein, daß es solche Männer nur in den Träumen geben kann. Da sie Realistin ist, wird sie eines Tages den eigenen Ehemann zum Vexierbild solchen Ideals malen. Wenn er ihr dabei zart die Hand führt, wird es dem Traumbild möglicherweise sehr ähnlich sehen. Das wäre dann gewissermaßen das Rezept zur ewigen Partnerschaft mit der Wassermann-Frau.

Langjährige Ehemänner dieser temperamentvollen Dame werden es bestätigen: An ihrer Seite bleibt man jung. Sie liebt den Wechsel, also stellt sie die Möbel um. Sie beschwört einen Krach herauf und feiert schnell wieder Versöhnung. Wenn der Partner recht hatte, kocht sie ihm sein Lieblingsessen (kein Drei-Sterne-Küchenchef kann's besser), wenn er im Unrecht war, stellt sie ihm das Aufgewärmte von vorgestern hin. An Abwechslung wird es nie fehlen, und auch nicht an Liebe: Sie ist ja so hilfsbereit!

Die Fische-Frau

Und nun kommen wir also zum reizendsten, liebsten, nettesten Geschöpf unter der Sonne – zur Fische-Frau. In sie müßte sich eigentlich jeder Mann auf Anhieb verlieben, wenn es da nicht einige Haken gäbe, die manches in anderem Licht erscheinen lassen, wenn sich die Sonne verdunkelt.

Aber sprechen wir erst mal von den guten Eigenschaften. Sie ist eine zuverlässige, anpassungsfähige, recht charmante und sanftmütige Dame, die stets ein paar Problemchen mit sich herumträgt, die gestandene Männer gern mit ihr lösen möchten.

Diese so sensible Frau umgibt sich mit vielen Geheimnissen. Sie läßt sich nie gern in die Karten schauen und ist ängstlich bemüht, ihr Seelenleben vor jedermann zu verbergen. Sie weiß, daß sie immer mit viel Gefühl und damit als schwache Frau handelt, aber sie überspielt das alles wie eine Schauspielerin, weshalb sie manche Leute für oberflächlich halten. Sie spielt nach außen hin die dem Realen zugewandte Frau und ist doch so hilflos, wie sonst keine ihrer Sternenschwestern.

Männer mögen das und versuchen, das Seelchen zu ergründen. Schon mancher zertrat dabei das zarte Pflänzchen, das da am Wege stand. Beim Nächsten erst richtete es sich wieder auf und war erneut um die Erfahrung reicher, daß Männer mit Nagelschuhen auf gefühlvollen Wesen herumtrampeln können.

So suchen Fische-Frauen mehr die weichen, anschmiegsamen Charaktere, die ihnen das Frühstück ans Bett bringen und auch mal die Kinder hüten. Oft sind das sonst sehr starke Typen, die im Beruf die Härte in Person sind, daheim bei ihrem Fische-Mädchen aber zerfließen, weil es gar so unselbständig ist.

Sagen wir es rund heraus: Was Fische-Frauen mit den Männern machen, ist Teil einer höheren Diplomatie, die selbst den stärksten Mann in die Knie zwingt, auf denen er dann vor ihnen wie vor Heiligen herumrutscht!

Die Fische-Frau weiß ganz genau, was sie will. Ihr ist kein Mann gewachsen, es sei denn, er wäre ihr hörig! Sie kennt die Mittel, wie man die Männer weich macht, und wendet sie an. Mit Raffinesse, mit schauspielerischen Höchstleistungen oder mit Tränen.

Keine Frau kann herzerweichender weinen als sie, keine so unschuldig tun wie sie. Ist es da nicht verständlich, daß die Männer wie Fliegen auf dem Leim hängen bleiben und ihr ewige Treue schwören?

Man verstehe es jetzt nicht falsch! Was eingangs mit Superlativen angedeutet wurde, stimmt genau: Die Fische-Frau ist reizend, nett und lieb in allen Lebenslagen, sie ist aber auch so geschickt, solche Charakterzüge in ihren eigenen Vorteil umzumünzen. Sie tut es mit Charme, wenn sie die Hilflose spielt, sie tut es mit Herz, wenn ihr Gefühl spricht.

Hier ist das Rätsel Weib, das es zu ergründen gilt. Schon mancher versuchte es zu lösen, gelungen ist es keinem ganz. Auch nicht den Ehemännern, denen sie die beste aller Frauen war und ist.

Fische-Frauen wirken irgendwie zerbrechlich. Sie unterstreichen diese Wirkung noch durch ihre Kleidung, die meist zart ihre oft knabenhafte Figur umfließt. Auch das ist ein Teil der Raffinesse, mit der die Fische-Frau taktiert. Auf solch zerbrechliches Wesen fallen natürlich die Männer herein, sie wollen es beschützen, aber auch knicken. Letzteres bringt für eine Fische-Frau die Portion Lebenserfahrung, die sie vorsichtig macht, auf daß nicht ihr zartes Seelenleben Schaden nimmt.

Es ist kein Geheimnis, daß jede Fische-Frau von einem Märchenprinz träumt, der sie auf eine einsame Insel in sein Schloß entführt und mit ihr bis an das Ende aller Tage glücklich ist. Solch romantische Geschichten kann man leider nur träumen. Heutzutage sind die Märchenprinzen rar und die meisten Schlösser halb verfallen und ohne jede sanitäre Einrichtung, die eine reinliche Fische-Dame nun einmal zur Körper- und Gesundheitspflege benötigt. Aber es ist durchaus möglich, daß sie das erträumte Märchen (oder ein anderes) einer erstaunten Runde auftischt und selbst daran glaubt. Fische-Mädchen sind zwar ehrlich bis auf die Knochen, aber auch erfinderisch. Und man hört ihnen gern zu, weil sie so wunderhübsch plaudern können. Nur Neider halten das, was sie erzählen, für Geschwätz.

Wie man sie ins Netz lockt

Wie lockt man solch liebreizende Unschuld in sein Netz? Zunächst einmal lasse man sie reden von sich, von ihren Eltern, von ihren Leistungen. Das ist kein Monolog, sondern kommt von Herzen. Wenn man schon Interesse an ihr zeigt, sollte man ihren Lebenslauf kennen. Sie wird auch von ihren Enttäuschungen erzählen, aber nie von den Männern, mit denen sie befreundet war. Da hält es das Fischlein mit den Kavalieren und schweigt.

Die Fische-Frau schweigt sich noch über einiges andere aus. So ganz gibt sie sich nie preis. Sie spricht nicht über ihre Probleme – zu leicht könnte man von diesen auf Minderwertigkeitskomplexe schließen, die sie vor allem dann hat, wenn sie nicht so recht mit sich selbst zufrieden ist. Ahnende Männer üben in diesem Falle besser Diskretion und versuchen nicht, des Fischleins Psyche zu ergründen. Das sollten sie dem Psychiater überlassen, der für solche Fälle die bessere Ausbildung hat.

Fische-Mädchen findet man überall dort, wo sie von Verehrern umschwirrt werden – in Tanzcafés oder auf dem glatten Parkett großer Gesellschaften. Es könnte sich aber auch um das sogenannte Mauerblümchen handeln, das abseits vom Rummel einsam an einem Tische sitzt und sich anscheinend nicht traut. Wenn es unbedingt eine Fische-Frau sein muß, kommt man natürlich am leichtesten bei dem Mauerblümchentyp voran. Wer nimmt es schließlich gern mit einer Vielzahl von Verehrern auf?

Wetten, daß das Mauerblümchen bald aufgeht wie eine Rose und tanzt wie einst Anna Pawlowa den sterbenden Schwan?! Sie werden Ihren Spaß mit ihr haben, sollten sich aber hüten, daß sie Ihnen niemand anderer wieder ausspannt. Wenn Sie zart und höflich zu ihr sind, dann dürfen Sie mit ihr sogar draußen im Garten beim Mondschein spazieren gehen, selbst wenn Sie ihr beim Tanzen vorhin noch auf die Füßchen traten. Sie können gleich mit ihr den nächsten Treff ausmachen. Gehen Sie in ein Café, wo es guten Kuchen gibt, oder auf eine spiritistische Sitzung – sie schwärmt fürs Okkulte.

So also bandelt man mit dem Fische-Mädchen an. Wie es weitergeht, müssen Sie dem Schicksal überlassen, das sie schon zu Ihren Gunsten deuten wird.

Sie liebt mit Phantasie

Es dauert einige Zeit, ehe man mit einer Fische-Frau allein sein darf. Im Park – nun ja, da sehen die Sterne zu. Aber nach Hause? Da müssen Sie schon eine Menge Süßholz geraspelt oder ihr irgendwie sonst imponiert haben. Trotz ihrer Zerbrechlichkeit ist die Fische-Frau keine so ganz leicht zu nehmende Festung. Außerdem ist da noch die Geschichte mit den Blümchen, die am Wege stehen – Sie wissen schon...

Dabei verliebt sich die Fisch-Frau meist sehr schnell. Sie hat auch etwas für den Sex übrig. Sie möchte sich nur nicht zu rasch etwas vergeben. Und deshalb bleibt sie vorsichtig und fällt möglicherweise trotzdem herein.

Fische-Mädchen, obwohl sie die Zukunft aus der Hand lesen und mit sicherem Instinkt jedem sagen können, wie die Sterne stehen, haben mit dem auf ihre Person bezogenen Ahnungsvermögen meistens Pech. So kommen sie, ohne es vielleicht selbst zu wollen, zu Erfahrungen mit den Männern.

Um es gleich klarzustellen: Es spielt immer Liebe mit, wenn sich eine Fische-Frau einem Manne hingibt. Schon beim ersten schüchternen Versuch entwickelt sie viel Phantasie und noch mehr Temperament.

Und sie ist eine hervorragende Schauspielerin, wenn es darum geht, den Mann an ihrer Seite davon zu überzeugen, daß sie die perfekteste Liebhaberin ist, viel besser als all die anderen, die er vor ihr kannte.

Mit der Zeit gewöhnt er sich an ihr Bühnenlicht: rosarot gedämpft. Er soll sie sehen, schemenhaft wie die Nymphe an einer Quelle, von der die alten Griechen träumten, nur daß es damals noch keine Spitzenhöschen gab. Sex ist für die Fische-Frau die selbstverständlichste Sache der Welt, über die man nie reden sollte. Man darf sich auch nur insgeheim über ihre Leidenschaft wundern, aber mit gleicher Leidenschaft zurückzahlen. Fische-Frauen reagieren sehr empfindlich, wenn ihre Liebhaber Bettszenen öffentlich preisgeben. Sie haben eben noch immer nicht den Glauben an den perfekten Kavalier verloren, der jeder Mann sein müßte, der es mit ihnen wagt.

Im siebenten Himmel mit der Fische-Frau

Wenn sich die Fische-Frau einmal entschließt, aus dem festen Verhältnis ein staatlich sanktioniertes zu machen, kann sich der Erwählte freuen. Er nennt die hingebungsvollste Frau sein eigen, die es auf der Erde gibt. Nicht immer ist sie eine gute Hausfrau. Aber das gibt sich, weil der Ehemann vor lauter Liebe bald selbst das Kochen lernt. Und das Windelwaschen dazu. Er wird im siebenten Himmel mit seiner Fische-Frau schweben und gar nicht merken, wie sie ihn unmerklich umerzieht. Glaubt er noch heute, sie sei ihm hörig, so wird er schon morgen es selber sein. Wie wolligweich ist doch der Pantoffel, unter dem man bei seiner Fische-Frau steht! Männer, die sich dann immer noch als Herr im Haus aufspielen, werden die Tränen der Fische-Frau zu spüren bekommen. Das so zerbrechliche Wesen wird auf der ganzen Linie siegen, oder es hat einen Mann, der den Namen Haustyrann verdient. So hilflos also, wie es den Anschein hat, ist keine Fische-Frau. Auch ohne Mann kommt sie zurecht, besonders in jenen Berufen, in denen Hilfsbereitschaft gefordert ist. Und auch als alleinerziehende Mutter.

Der Widder-Mann

In zerrissenen Jeans geht der Widder-Mann kaum auf die Jagd. Er wirft sich in Schale, um Eindruck zu schinden. Und in die Brust. Das macht ihn gleich zwei Zentimeter größer. Er läßt seine oft von buschigen Brauen geschützten Äuglein über die Menge schweifen, so daß jedermann weiß: Schaut her, er ist's!
Schmachtende Frauenblicke saugt er ein wie Honigseim. Ein echter Widder ist immer davon überzeugt, daß er Adonis und Herkules in einer Person vereinigt. Spricht ihn eine Schöne an, fühlt er sich durchaus geschmeichelt. Einem Abenteuer ist kein Widder abgeneigt. Es muß ja nicht gleich in Liebe ausarten! Flirtbereite Damen bestätigen ihm die Männlichkeit. Auf Dauer werden sie ihn kaum fesseln können. Obwohl er häufig selbst oberflächlich reagiert, kann er oberflächliche Frauen nicht ausstehen.
Der Widder-Mann ist für alle Spielarten der Sexualität, den Gruppensex möglicherweise eingeschlossen. Fürs Herz aber braucht er etwas ganz anderes: Ein möglichst unberührtes Mädchen, das nur für ihn da ist und an nichts sonst denkt, als ihm allein zu Willen zu sein. Wehe, sie würde anderen Männern schöne Augen machen!
Hat er sich nach mehr oder weniger stürmischen Jugendjahren einmal zu einem festen Verhältnis entschlossen, bewacht er eifersüchtig wie Othello seinen Besitz. Die Unschuld vom Lande ist ihm dabei lieber als die liebeserfahrene, wissende Frau. Bei der Unschuld weiß er schließlich, daß sie vor ihm noch keine anderen Männer hatte, auf die man eifersüchtig sein müßte. Überall will er der erste sein – im Beruf, erst recht aber in der Liebe. Und da das im allgemeinen nie so ganz sicher ist, versucht er mal hier und mal dort, bis er gefunden zu haben glaubt, was seiner würdig sein könnte. Die Liebe auf den ersten Blick existiert für den Widder-Mann höchstens in schnulzigen Romanen. Die Katze im Sack will er nicht kaufen.
Frauen, die ihn ansprechen, weil sie mit ihm anbandeln wollen, sind ihm verdächtig, auch wenn er mit ihnen eine flotte Nacht verbringt. Er steht schon in jungen Jahren auf dem altväterlichen

Standpunkt, daß der Mann den Angriff führen muß. Und er vollführt ihn mit Schneid, oft aber auch mit zärtlicher Rücksichtnahme auf die zerbrechliche Frau.

Jeder Widder-Mann ist ein Draufgänger, glaubt er jedoch, an die Richtige gekommen zu sein, spielt er möglicherweise den schüchternen Liebhaber, weil er die wundersame Blume Unschuld noch ein wenig länger blühen lassen möchte.

Da weiß manche Schöne nicht, was er im Schilde führt, und wendet sich einem anderen zu, der nicht so lange hinter dem Berge hält und nicht nur an dem Blümlein riecht, das sich vor ihm auftut. So kommt ein Widder-Mann zu verpaßten Gelegenheiten.

Der Widder-Mann ist nie lang ein Kind von Traurigkeit. Er vergißt sehr bald jene, die ihn vermeintlich verriet. Schnell stürzt er sich in kurzlebige Affären, wechselt und studiert, bis er wieder mal die Eine gefunden zu haben glaubt.

Die Zeit bringt es mit sich, daß er schließlich auch mit einer Hübschen aus zweiter Hand zufrieden ist, wenn das, was er eigentlich sucht, scheinbar nicht existiert. Aber die muß ihm dann mit Haut und Haaren gehören. Der totale Besitzanspruch des Widders ist bekannt. Wer mit ihm aufs Standesamt geht, kann damit rechnen, die Reifeprüfung in Sachen Liebe bestanden zu haben. Man ist seine Frau fürs ganze Leben. Ein Ausbrechen gibt es für den Widder-Mann nicht mehr.

Der Widder-Mann baut um die Frau seines Herzens einen goldenen Käfig, in dessen Mitte sie als Paradiesvöglein sitzt und ihm zuzwitschert – ihm allein. Wer hier bunte Federn rupfen möchte, bekommt es mit den runden, harten Hörnern des Widders zu tun.

Widder-Männer sind auch deshalb in der Ehe treu, weil sie glauben, wie Detektive die eigene Frau bewachen zu müssen. So bleibt für Abenteuer außer Haus für die auch beruflich Vielbeschäftigten kaum mehr Zeit. Erst in späteren Jahren kann sich das ändern, wenn heiße Liebe durch eheliche Routine abgenützt wurde.

Sanfte Frauen kommen bei ihm an

Der Widder-Mann will immer mit dem Kopf durch die Wand. Und da das nicht allzu oft gelingt, leidet sein Selbstvertrauen. Zwar

wird er auch weiterhin den Starken spielen, aber im tiefsten Grund seiner Seele gesteht er sich seine Schwäche ein. Hier ist der Ansatzpunkt für Frauen, die es auf ihn abgesehen haben.
Sie sollten seine Männlichkeit bewundern, ihm aber auch im rechten Augenblick Zunder geben. Der Widder verträgt Widerspruch. An ihm entzündet sich sein Temperament. So kommt es zu nützlichen Diskussionen, an deren Ende die kluge Frau ihm den Sieg gönnt oder ein akzeptables Unentschieden, das neuen Gesprächsstoff offen läßt. Sanfte Frauen kommen bei ihm an, aber sie müssen Charakter und Rückgrat genug haben, auch mal wider den Stachel zu löcken.
Wegen seines heißen Temperaments wird der Widder-Mann im Gespräch mit der Frau, die er liebt, manchmal über das Ziel hinausschießen und mit Gebrüll fehlende Argumente ersetzen. Man sollte dann ruhig mal zurückbrüllen. Der Widder wird's nicht übel nehmen, sondern in sich gehen, weil er im Grunde genommen ein einsichtiger Mensch ist. Rechtzeitiges Umschalten auf die sanfte Tour wird ihn davon überzeugen, daß man seinen Ausfall nicht übelnahm.
Temperamentsausbrüche darf die Frau, die es auf einen Widder-Mann abgesehen hat, nicht fürchten. Sie sollten Beweis sein für seine Annahme, die Beziehung sei schon so gefestigt, daß man ihm sein Gehenlassen nicht übelnehmen kann. Gefahr im Verzuge ist, wenn der Widder plötzlich eiskalt wird und zynisch zerstört, was Liebe zu sein schien. Hier deutet sich das Ende der Affäre an.
Der Widder-Mann liebt die Wahrheit. Kommen Sie ihm also aufrichtig entgegen, wenn Sie ernsthaft interessiert sind. Und er liebt die Pünktlichkeit. Frauen, die ihn mit langsam verwelkendem Blumenstrauß warten lassen, lernen ihn als ungehobelten Zeitgenossen kennen, der Unhöflichkeit mit groben Worten tadelt. Vielleicht knallt er sogar die Blumen aufs Pflaster und entschwindet wutentbrannt. Es kann ein Abschied für immer sein.
Ein verliebtes Häschen mag der Widder-Mann gern im Himmelbett, aber nicht zu jeder Tageszeit. Er will auch mal Widerstand verspüren, an dem er sich reiben kann. Scheinbare Gleichgültigkeit kann ihn zu erhöhten Anstrengungen reizen. Das kommt dem Endziel entgegen, ihn endlich ganz für sich zu gewinnen.

Potenz im Quadrat

Je ernster sein Interesse am weiblichen »Objekt« ist, desto länger kann es dauern, bis er endlich intim wird. Hat er sich aber endlich fürs Bett entschieden, wird er jeden Widerstand im Keime zu ersticken suchen. Da ist Potenz im Quadrat, die mit Vehemenz ihr Opfer will.

Sexbereite Widder gleichen einer Dampfwalze, die alles umlegt, was ihr vor die Rolle kommt. Das Ventil, das den Dampf abläßt, heißt beim Widder-Mann restlose Hingabe der Partnerin. Wer sich mit ihm einläßt, den will er führen – von Höhepunkt zu Höhepunkt.

Er ist ein Tüftler, der alles einmal ausprobieren will. Da wären prüde Mädchen fehl am Platz. Bei willigen Damen, die alles mit sich machen lassen, spürt er zu wenig Widerstand, den er braucht, um sich am Ende doppelt bestätigt zu sehen. Leicht ist es nicht, es dem Widder recht zu machen. Er steckt voller Widersprüche, auch im intimen Bereich.

Und alles hört auf sein Kommando! Er ist der Feldherr, der selbst auf weichem Polster die Strategie bestimmt. Kluge Frauen ordnen sich ihm unter. Oder melden sich krank. Trotz seiner Potenz ist jeder Widder-Mann einsichtig genug zu verzichten, wenn's mal nicht geht.

Er ist der perfekte Liebhaber, wenn er erstmal seine »Studienjahre« hinter sich hat. Er will aber auch in der Ehe noch manches hinzulernen. Schnöde Sexroutine kann mit der Zeit die Liebe töten. Und so jammert manche Schöne, die nicht wollte, wie er konnte, diesem feurigen Mars-Liebling nach, wenn er sich außer Haus sucht, was er daheim nicht mehr findet. Der Widder-Mann ist treu wie Gold, aber man muß schon etwas tun, um ihn bei der Stange zu halten.

Leidet er in späten Jahren unter Potenzschwierigkeiten, wird er zunächst bei sich den Fehler suchen. Auch das kann ihn aus dem Haus treiben, um an einem anderen Ort bei einer neuen Schönen zu suchen, was zu Hause nicht mehr zu gehen scheint. Dann ist möglicherweise die Ehe kaputt, und der Widder-Mann landet beim Psychiater.

Zarte Fesseln spürt er nicht

Die Frau eines Widder-Mannes hat es schwer. Sie müßte schon eine langjährig geschulte Psychologin sein, um alle Tiefen seines Charakters und seiner Nachtseele ausloten zu können. Hier heißt es, mit dem Wolf zu heulen; denn Scheidungen sind bei diesen vom Mars beherrschten Männern selten möglich. Ihr dickköpfiges Beharren, an einmal getroffenen Entscheidungen festzuhalten, macht ein Ausscheren aus einem staatlich verbrieften Verhältnis schier unmöglich. Vor allem deshalb ist die Scheidungsquote unterm Widder niedriger, als man allgemein annehmen möchte.

Der Widder-Mann verlangt von der Frau Unterordnung. Die kluge Frau geht scheinbar auf alle seine Wünsche eine. Da sollte es an nichts fehlen, weder an seinem Lieblingsparfüm, mit dessen Duft sie ihn nach des Tages Hast bezaubert, noch an den vorgewärmten Pantoffeln. Wer dem Widder Gutes tut, kann mit reichem Dank rechnen. Das ist die Fessel, mit der man ihn an sich bindet und die ihn sogar marsische Untugenden vergessen läßt, mit denen er sonst seine Lieben schockt.

Der Stier-Mann

Mag er sich im Lebenskampf auch mit starken Männern messen und sie mit nicht ganz herkömmlichen Methoden zu Fall bringen – bei Frauen bleibt ein Stier-Mann stets Gentleman. Er versteht sogar die Emanzipierten, obwohl er mit den Jahren recht patriarchalische Züge bekommt. Höflichkeit dem sogenannten schwachen Geschlecht gegenüber ist für ihn Kavalierspflicht.

Stürmisch ist der Stier-Mann nicht, schon gar nicht als Liebhaber. Er versucht's bei den Frauen, die ihn interessieren, zunächst mit mehr oder weniger tiefsinnigen Gesprächen. Flirts, die das Thema Nummer eins zart umschreiben, sind kaum seine Sache.

Er lotet mehr in die Tiefe, will den Menschen erst kennenlernen, dem er seine Gunst schenkt. Da er aber über zu wenig psychologische Kenntnisse verfügt, verschätzt er sich manchmal und läßt dann den Kopf hängen. Stier-Männer fühlen sich oft enttäuscht.

Haben sie sich erst einmal für eine Frau entschieden, werden sie diese so lange beknien, bis sie nachgibt. Auch hier geschieht manches aus dem Hinterhalt: Man lernte sich kennen, sprach miteinander, verstand sich sofort. Aber von Liebe war nie die Rede. Jeder Stier-Geborene ist ein Mann einsamer Entschlüsse. Und so kommt es, daß manche von ihm Umworbene erst spät von seinen wahren Absichten erfährt. Mit anderen Worten: Er verplant oft schon für sich, was seinen Plan noch gar nicht kennt. Mit unangenehmen Überraschungen muß man bei ihm also rechnen.

Der sonst so Sparsame kann täglich anonym Blumen an eine Schöne schicken, wenn er glaubt, daß sie die Richtige für ihn wäre. Er wird sie eines Tages in ein gutes Restaurant einladen und beim Essen von Hummern und Salat ihr gestehen, daß er ihr Rosenkavalier war. Und dann fällt es ihr wohl wie Schuppen von den Augen, daß es dieser oder keiner sein müßte, dem ihr Herz gehören sollte.

So läppern sich freilich bei dem Stier-Mann auch die trüben Erfahrungen zusammen. Denn jede Hoffnung ist trügerisch. Und anonyme Blumen kommen mit der Zeit doch recht teuer.

Der Stier-Mann kann auch Süßholz raspeln, wenn er verliebt ist. Aber von einem zum anderen Augenblick wird er damit Schluß machen, weil er sich dabei selber komisch vorkommt. Der Flirt bleibt bei ihm gewissermaßen im Ansatz stecken.
Er liebt eher tiefsinnige Gespräche über literarische Ereignisse, die Sünden der Väter und die Nöte der Mütter. In jungen Jahren ist er ein Revolutionär, der gegen alles aufbegehrt, was sich nach seiner Meinung autoritär gebärdet. So findet er in manchen Zirkeln Anhänger, die wie er den Umsturz der bestehenden Verhältnisse planen.
Wenn er sich erst mal die Hörner abgestoßen hat, lächelt er weise über seine Jugendtorheiten. Jeder Stier-Mann ist Gegenargumenten aufgeschlossen. Nur dauert's bei ihm meist länger, sie zu verdauen.
Der Stier-Geborene ist immer ein Langsamstarter, auch in der Liebe. Selbst wer ihn auf den ersten Blick entzückte, kann nicht mit einer sofortigen Werbung rechnen. Gut Ding will Weile haben. Hat er sich endlich zur Zweisamkeit entschlossen, geht alles schnell.
Er stürzt sich selten in den schwarzen Anzug, um die Eltern der Herzallerliebsten um die Hand der Tochter zu bitten. Das würde seinem antiautoritären Denken widersprechen. Aber vielleicht wird er sich ganz altmodisch vor die Geliebte knien und theatralisch mimen: »Sei mein!« Nur wenige Stier-Männer holten sich bei solcher Werbung den Korb.
Dieser sonnige Venustyp hat nicht zu knappe Chancen bei Frauen, obwohl er als Playboy auf der Bühne des Lebens sicher durchfallen würde. Man liebt ihn wegen seines lebhaften Temperaments ebenso wie wegen seines Engagements für die Schwachen und Hilfsbedürftigen. Mögen andere nach oben buckeln und nach unten treten – beim Stier-Mann ist das umgekehrt.

Wie man den Stier bei den Hörnern packt

Sollten Sie, verehrte Damen, Interesse an einem Stier-Mann haben, hören Sie ihm zu. Er kann amüsant erzählen. Es sollte Sie weiter nicht stören, daß er dabei vom Hundertsten ins Tausendste kommt. Das macht sein Gedankenüberfluß, an dem er wie andere an

Magengeschwüren leidet. Er hat viele Ideen, und da er zielstrebig genug ist, wird er die meisten von ihnen in die Tat umsetzen. Das kann freilich Jahre dauern.
Bei Ihnen beiden dauert's nicht ganz so lange, wenn Sie ihm gefallen und auf seine Art eingehen. Er ist durchaus für ein Zusammenleben auf Probe, weil er seine Schwächen kennt. Empfehlenswert ist das nicht: Er lernt dabei auch Ihre Schwächen kennen, die er bisher vielleicht übersah. Wenn er sich erklärt hat, verführen Sie ihn besser gleich zum Standesamt. Er läßt sich gern verführen, weil er eigentlich nicht allein sein kann. Und dann sind Sie die Frau seiner Träume.
Packen Sie ihn bei den Hörnern oder kraulen Sie ihm den Kopf. Das mag er, obwohl er ansonsten ein Kräutchen Rührmichnichtan ist. Streicheleinheiten allein reichen bei weitem nicht aus, auf die Dauer machen sie ihn eher nervös. Was ihn begeistert, ist gutes Essen und Trinken. Schon mancher Stier-Mann fiel auf eine Frau herein, die eigentlich gar nicht zu im zu passen schien - nur, weil sie hervorragend kochen konnte.
Das bringt mit den Jahren Gewichtsprobleme, die er immer wieder abzubauen versucht. Jeder Stier-Mann ist ein verhinderter Asket. Wie gut, wenn er an eine Frau gerät, die es mit Cäsar hält: Laßt dicke Männer um mich sein! So hat er ein Problemchen weniger und kann sich auf die zahlreichen anderen konzentrieren, die er gern mit sich herumschleppt: Man muß sich ja auch mal ärgern können! Dabei berücksichtigt er nie, daß Ärger bekanntlich auf den Magen schlägt, neben einer möglichen Überfunktion seiner Schilddrüse eine der wunden Stellen im stierischen Körperhaushalt.
Obwohl der Stier-Mann meist gesund und vital erscheint, doktert er länger als andere an kleinen Wehwehchen herum. Neben der Köchin braucht er also die Krankenschwester als Frau, die ihn statt mit Pillen durch psychologische Tricks behandelt, die seine Sinnesfreude wecken und ihn vergessen lassen, was nicht stimmte.

Sex ist sein Steckenpferd

Dieser Mann, der nach außen hin so nüchtern und abgeklärt erscheint, hat ein großes Steckenpferd: Er liebt gerne. Obwohl ihm die romantische Ader fast völlig fehlt, hält er auf Stil. Es ist der äußere Rahmen, der ihn entzückt. Zum Vorspiel gehört der festlich gedeckte Tisch mit silbernen Leuchtern und teurem Porzellan. Hier werden körperliche Genüsse deckungsgleich und gehen ineinander über. Gedämpftes Licht gehört zur Einstimmung.

Geburtsherrscherin Venus gab ihm die Leidenschaft mit, aber wohl auch die Bedächtigkeit, die den Genuß erhöht. Der Stier-Mann hat ein Gespür für die Gefühle, die man ihm entgegenbringt. Er weiß sie richtig zu deuten und - wenn's not tut - ein wenig zu seinen Gunsten aufzupolieren. Wer bei ihm nicht mag, wird am Ende doch überzeugt. Gerade so kühle Frauentypen wie aus der Jungfrau oder dem Steinbock fließen bei ihm dahin.

Jeder Stier-Mann liebt die Bequemlichkeit. Ein hartes Bett wäre kaum die rechte Unterlage, um seine Liebeskünste zu beweisen. Er mag das Weiche, Anschmiegsame nicht nur bei seiner Partnerin.

Obwohl seine Potenz über alle Zweifel erhaben ist, schätzt er das langsame Starten. Da muß viel Zärtlichkeit im Liebesgetriebe sein. Seine Sinnesfreudigkeit verlangt Gefühl, kein schnelles Aus und Vorbei. Es ist die behutsame Bedächtigkeit, die den Stier-Mann zum exzellenten Liebhaber macht und Frauen von ihm schwärmen läßt.

Einfallsreich ist er weniger. Spiele, die in teuren Sexatlanten stehen und bei denen der Körper in allen möglichen und unmöglichen Stellungen verrenkt wird, macht er kaum mit, weil er lieber auf seine Bandscheibe achtet, die durch eventuelles Übergewicht schon genügend strapaziert wird. Frauen, die das langweilig finden, sollten sich nicht mit dem Stier verbinden. Für ihn ist das Schlafzimmer kein Turnsaal, sondern ein Raum, in dem man in Ruhe, aber ausdauernd genießt und sich danach wohlig unter der Daunendecke räkelt.

Sein Besitz: die Ehefrau

Wer einen Stier-Mann heiratet, kann gewiß sein, mit ihm auch die goldene Hochzeit zu erleben, sofern nichts Gravierendes dazwischen kommt. An dem Gebot »Bis daß der Tod euch scheidet« hält er starrköpfig fest, auch wenn er selbst einige Ausflüge abseits des Ehelebens starten mag – seine Ehefrau darf sich solche nur in ihren Träumen wünschen. Wenn sie klug ist, wird sie diese für sich behalten. Denn selbst noch auf Gespenster, die in alten Gemäuern nächtlich ihr Unwesen treiben sollen, ist ein Stier-Mann manchmal eifersüchtig.

Natürlich will er eine Frau zum Herzeigen. Er schätzt auch Komplimente, die man ihm über sie macht. Aber er schöpft sofort Argwohn, wenn solche Schmeicheleien seiner Frau direkt gesagt werden.

Da sie wissen, welch guter Kern in ihm steckt, fügen sich Frauen von Stier-Männern in das Unabänderliche und bleiben sittsam sein alleiniges Eigentum. Und haben es gut dabei. Dreht dieser so sparsame Mensch im Arbeitsalltag jeden Groschen auch dreimal um, ehe er ihn ausgibt, läßt er ihn für Frau und Kinder doppelt und dreifach rollen. Geschenke, die ein Stier-Mann seinen Lieben macht, sind exquisit und zeugen von gutem Geschmack.

Trotz der erwähnten möglichen Ausflüge ist dieser Liebling der Venus durchaus treu und anhänglich. Er ist der Ansicht, daß man sich von einmal Erworbenem nicht trennen sollte. Und da er seine Frau nach der Hochzeit als Besitz vereinnahmt, wird eine Scheidung gleich ins Land der Fabeln verbannt. Ein echter Stier-Mann hat seine Prinzipien, an denen er festhält. Sein Eigensinn macht's möglich.

Der Zwillinge-Mann

In jungen Jahren ist er ein rechter Springinsfeld, der Erfahrungen sammelt und doch nichts daraus lernt. Ein Zwillinge-Mann zieht die Mädchen an wie ein Magnet. Aber kaum sind sie von ihm gepackt, stößt er sie wieder ab. Das liegt an der bei Magneten möglichen Polverschiebung.

So kommen die jungen Zwillinge zu Liebschaften und die älteren zu Scheidungen. Wer als Zwilling etwas auf sich hält, wird erst in der dritten Ehe glücklich und gerät an eine Dame, die den alten Knaben bei den Ohrläppchen nimmt und ihn Anstand lehrt.

Bis dahin vergeht die lustvolle Zeit, die berühmte Zwillinge in ihren Memoiren besonders breit und wohlgefällig schildern. Da wäre die Zeit der ersten Liebe (vielleicht war's die Amme, an deren Brust er lag), die Zeit des jungen Stutzers, der möglicherweise Klassenbester war (Zwillinge sind als kluge Kinder bekannt, die jede Weisheit wie Eis mit Sahne schlecken). Am Ende war's der Sturm und Drang, der bei manchen dieser flotten Burschen bis weit in das siebzigste Jahr anhält.

Trauen Sie nie einem Zwilling über den Weg, wenn er Sie aus seinen klugen Augen anschaut, als könne er kein Wässerchen trüben. Er führt stets etwas im Schilde, wenn er schöne Frauen sieht. Sein Charme ist so umwerfend, daß Mädchen, die er verließ, noch jahrelang von ihm nicht nur feuchte Augen bekommen.

Er selbst weint keiner nach, beschreibt aber seine Affären und Liebesabenteuer in seinem Tagebuch. Oder erzählt sie lustvoll in kleinem Kreise, wobei sich Dichtung und Wahrheit zum Bestseller mischen mit ihm als Helden. Kein Zwillinge-Mann kann amouröse Erlebnisse für sich behalten.

Von ihm verlassene Damen brauchen sich nicht zu fürchten: Sie kommen in seinen märchenhaften Anekdoten allesamt gut weg. Keiner unter diesen flotten Typen wird zugeben wollen, daß eine ihn wie einen Hampelmann strampeln ließ.

Der Zwillinge-Mann ist blitzgescheit. Er macht Karriere, weil er in der Lage ist, andere von sich zu überzeugen. Ganz unten bleibt er

nie. Die Frau, die ihn für sich gewinnt, kann stolz auf ihn sein, solange sie ihn besitzt. Er macht gute Figur auf Gesellschaften, in denen er in des Wortes wahrster Bedeutung tonangebend ist.
Aber er redet nicht nur klug daher, er vergißt auch nicht, seinen Charme spielen zu lassen, auf den die Damen fliegen. Kein anderer Mann versteht den Flirt wie er. Dabei schaut er so harmlos aus, daß eigentlich kaum der große Casanova hinter ihm vermutet werden könnte.
Auch in der Liebe zeigt er das Janusgesicht und läßt die zwei Seelen erahnen, die jeder Zwilling mit sich herumtragen muß. Die eine will sich stets von der anderen trennen. Mit diesem Widerspruch muß er leben.
Viele legen ihm seine oft so zwiespältige Haltung als mangelnden Charakter aus und bedenken dabei nicht die naturgegebene Doppelschichtigkeit in seinem Wesen. Jeder Zwillinge-Mann will immer nur das Beste, aber es ist möglich, daß sein zweites Ich etwas ganz anderes für gut befindet als das erste.
Man wundert sich bei solcher Zweiteilung der Kräfte, daß der Zwillinge-Mann doch immer wieder Wege aus dem Dilemma des Widersprüchlichen herausfindet und so vieles in positive Werte umsetzen kann. Möglicherweise liegt es an den Aszendenten, die ihn stabilisieren.
Gerade die Dualität in seinem Wesen macht den Zwilling interessant. Man schätzt seinen sprühenden Witz, seine launigen Reden und gescheiten Ideen. Wer zwei Typen in sich vereinigt, muß schließlich doppelt so schlau sein wie andere, die mit einem einzigen auskommen müssen.

Machen Sie ihn neugierig!

Sollten Sie es auf einen Zwillinge-Mann abgesehen haben, geben wir Ihnen den Rat: Machen Sie ihn neugierig! Lassen Sie ihn im unklaren über Ihre Gefühle und über Ihre Pläne. Er ist ein Tüftler und löst für sein Leben gern Rätsel. Ist sein Interesse erst einmal erwacht, wird er mit Ihnen flirten, wobei er nicht versäumt, mehr oder weniger versteckt seine eigenen Vorteile herauszustellen. Er wird Sie ausfragen, und wenn Sie ihm auf alles gleich erschöpfend

Antwort geben, wird sein Interesse wahrscheinlich recht schnell erlöschen.
Machen Sie es unverbindlich, weichen Sie ihm aus, aber flirten Sie zurück. Er wird Sie einladen und Ihnen schon bald gestehen, daß Sie eigentlich diejenige sind, von der er schon immer träumte. Das ist in diesem Augenblick kein bißchen geflunkert: Jeder Zwilling glaubt, was er sagt. Seine heißen Liebesschwüre kommen von Herzen.
Er hat immer gute Absichten, nur hält er nie lange an ihnen fest. Seine Meinung ist austauschbar, den selben Wandlungen wie die Mode unterworfen. Selbst wenn man ihn festnagelt und die Zange versteckt, findet er Wege, den Nagel zu lösen. Sein Ziel heißt immer Erfolg, auch in der Liebe. Aber auf der Höhe des Triumphes kann er die Lust verlieren und von einem Neubeginn träumen. Mitten im Tanz wird er von hinnen swingen.
So ganz uneigennützig ist kein Zwillinge-Mann. In jungen Jahren schaut er auf Anmut und Schönheit, in späteren auch etwas aufs Geld. Er macht immer eine gute Partie, weil die Auswahl für ihn so groß ist. Er kann die Vorzüge der einzelnen Bewerberinnen um seine Gunst gegeneinander abwägen und sich suchen, was ihm gefällt. Und da er ein kluges Kerlchen ist, weiß er, daß Schönheit vergeht.
Für diesen so lebenslustigen Mann vergeht freilich auch der Reichtum schnell. Das Geld rinnt ihm nur so durch die Finger. Er legt es an und hebt es ab. Seine Ehefrau sollte ihn unter Kuratel stellen, ihm ein reich bemessenes Taschengeld geben und dessen Höhe möglichst gleich in den Ehevertrag einbringen. Und sie sollte ihm ein guter Kamerad sein, der seine Launen verständnisvoll übersieht, der ihm die Freiheit läßt, die er zur Selbstbestätigung braucht.

Beim Sex schaut er sich selber an

Sex ist nicht unbedingt das Wichtigste in seinem Leben. Er ist oft nur die Abrundung eines Erlebnisses, das mit Flirt begann und über neckischen Spielereien zum abschließenden Schlußakt führte. Wie ein Schauspieler auf der Bühne will er im Lustspiel gesehen werden. Gedämpftes Licht verträgt solch Showstück nicht. Der Kronleuchter mag sich in den Spiegeln verdoppeln und verdreifachen.

Es ist die Neugier, die ihn auch beim Allzumenschlichen packt. Er will sich und sein Tun genießen und ist sicher, daß auch die Partnerin etwas davon hat. Schüchterne Lämmchen, die lieber die schützende Dunkelheit vorziehen möchten, überzeugt er sehr charmant von der Energiequelle Licht, die auch eigene Energie sichtbar macht.

So sehr ist ein Zwillinge-Mann von seiner Unwiderstehlichkeit überzeugt, daß er glaubt, jede Frau könne er zu zartem Tête-à-tête verpflichten, wenn er nur wolle. Obwohl er nach außen hin als Verfechter der Gleichberechtigung gilt, stellt er im Intimleben klar: Das Weib sei ihm untertan.

Für die Frau, die er liebt, bleibt er freilich der Kavalier der alten Schule, der alle Feinheiten des Liebesspiels beherrscht. Und so fühlt sie sich in bester Obhut, wenn er Regie führt. Meist läßt er es langsam angehen und steigert's dann mit Gefühl. Manchmal legt er auch, um die Spannung zu erhöhen, Kunstpausen ein. So läßt er es treiben, bis zum kurzen, aber wilden Höhepunkt. Man vergesse den Beifall nicht, bevor der Vorhang fällt!

Ein Zwilling ist erfinderisch, Langeweile macht ihn krank. Liebe, die sich in alltäglichen Pflichtübungen erschöpft, läßt seine Stimmungen sprießen. Ehefrauen, die für Abwechslung sorgen, halten ihn länger, lernen auch weniger jenen launischen Zeitgenossen kennen, der an allem und jedem herumnörgelt, was man auch unternimmt.

Ein falsch behandelter Zwillinge-Mann wandelt sich auch leicht vom Kavalier zum Hausdrachen, der Feuer speit. Für ihn sind stets die Frauen schuld, wenn er vorm Scheidungsrichter steht, selbst wenn er die alleinige Schuld gnädigst auf sich nimmt.

Ein Glück: Er kann nicht allein sein

Die Scheidungsquote unterm Zwilling ist enorm hoch. Jede Frau sollte das bedenken, wenn sie mit solchem in der Liebe flatterhaften Mann anbandelt. Leicht wird sie es nicht haben, ihn zu halten,

wenn sie die erste ist, die er heiratet. Sie müßte schon ein Aufziehpüppchen sein, das sich seinem Wunsche gemäß dreht und wendet. Oder ein kluges Kind, das immer wieder Neues erfindet, den Einzigartigen zu erfreuen, das mit ihm spielt und mit ihm lacht und ihm die Langeweile vertreibt.
Sie sollte auch eine perfekte Hausfrau sein, die das Geld zusammenhält, das er sonst leichtsinnig verjubelt. Eine Kameradin, die über seine Nachtseele hinwegsieht und ihn so nimmt, wie er ist.
Er bräuchte ebenso die elegante Gesellschafterin, mit der er sich sehen lassen kann, die abenteuerlustige Reisebegleiterin, wenn ihn das Fernweh packt. Sie müßte Verständnis dafür haben, daß er auch mal ohne sie mit Freunden ausflippt. Wenn man es recht bedenkt, müßte er sich einen Harem zulegen, um seine doch leicht übertriebenen Ansprüche erfüllt zu sehen.
Der Zwillinge-Mann kann nicht allein sein. Er braucht jemanden, der für ihn sorgt und der ihm seine Sorgen abnimmt. Diesen Umstand wissen langjährige Ehefrauen von ihm als Glück zu schätzen. Die Drohung, plötzlich alleinzustehen, ist für ihn wie eine unsichtbare Fessel, die er nicht lösen kann.

Der Krebs-Mann

Muttis Liebling stand schon auf seinem Schlabberlätzchen, als er die ersten Gehversuche ins Leben unternahm. An den Rockschößen der Mutter bleibt ein echter Krebs auch als Erwachsener immer noch etwas hängen. Er sucht sie später bei der eigenen Frau. Der Krebs-Mann braucht das Umsorgtsein, die nimmermüde Fürsorge, den Zuspruch. Das rappelt ihn auf, wenn er sich wieder einmal in einem Wellental glaubt. Das gibt ihm neuen Lebensmut und die Kraft, Großes zu leisten.

Daß wir uns nicht falsch verstehen: Er ist kein Muttersöhnchen, kein Schwächling, der das Leben allein nicht meistert. Er ist ein ganzer Kerl, der den einzigen Nachteil hat, in seinen Launen wie Ebbe und Flut von den Phasen des Mondes abhängig zu sein.

Der Krebs-Mann kann eben noch der fröhlichste Mensch gewesen sein. Und dann geht es wie ein Ruck durch seinen ganzen Körper, und er läßt den Kopf hängen. Wenn man ihn nach diesem plötzlichen Stimmungsumschwung fragt, weiß er ihn selbst nicht zu erklären. Aber es war todsicher nicht die berühmte Laus, die ihm über die Leber kroch. Man müßte schon in den Untiefen seiner Nachtseele loten, um des Rätsels Lösung zu finden, oder das Strahlengeheimnis des Mondes ergründen, das trotz Raumflug und Mondlandung immer noch nicht ganz erforscht wurde.

Bei Vollmond und in Neumondnächten kann man in diesem charakterlich sonst so gefestigten Manne seltsame Wandlungen konstatieren, die ihn für seine Umwelt zu einem schwer durchschaubaren Menschen machen. Daß er, der auch meist sehr Wetterfühlige, unter diesen Mondkonstellationen manchmal sogar körperlich leidet, sollte am Rande gleichfalls erwähnt sein. Krebs-Männer sind Empfindungs- und Erkenntnismenschen, die es im Leben weit bringen können, weil sie fleißig und strebsam bemüht sind, Sicherheiten zu schaffen. Sie sind Einzelgänger, die in der Gruppe Halt suchen, obwohl sie eigentlich von der Gruppe nichts halten.

Der Krebs-Mann ist ebenfalls ein Einzelgänger in der Liebe. Er mag nicht die playboyhaften Spiele vom »Bäumchen wechsel

dich«. Eine feste Freundin reicht ihm vollauf, was ihn nicht daran hindert, hinter hübschen Beinen herzuschauen und künstlerische Studien zu treiben.
Er träumt von der idealen Frau an seiner Seite, die Züge der Mutter verrät. Aber da er klug und einsichtig ist, verweist er die Träume ins Reich der Fabel und sucht sich das, was seinem Ideal am nächsten kommt. Oder bleibt ewiger Junggeselle mit Katze oder Hund als Gespielen, für die er sorgen muß und mit denen er oft auch sehr menschlich reden kann.
Trotz seiner sprichwörtlichen Tierliebe sucht der Krebs-Mann doch lieber eine zweibeinige ständige Begleiterin. Und es ist verwunderlich, wie auffallend hübsch die Frauen des Krebs-Mannes meist sind. Er hat den Blick des Künstlers, der auf Formen achtet.
Junge Krebse geraten vielfach an ältere Frauen, von denen sie bemuttert werden. Oft bleiben sie nur Liaison, obwohl man schon mit ihnen auf Probe zusammenwohnte. Mit der Zeit werden die Herzensdamen immer jünger. Ein Krebs-Mann probiert und studiert lange. Nur selten bleibt er an der Jugendfreundin hängen, es sei denn, sie wäre wirklich erste Klasse!
Frauen, die mit einem Krebs-Mann befreundet waren, werden es bestätigen: Er ist ein großartiger Liebhaber. Er bemüht sich um seine Freundin wie sonst keiner, er turtelt mit ihr, und er spielt mit ihr sicherlich nicht nur »Mensch ärgere dich nicht«. Sie ist sein festes Verhältnis, das keine Nebenfrau duldet.
Trotzdem wechseln seine Freundinnen wie seine Stimmungen und Launen. Ein schiefes Wort schon läßt ihn seine Sachen packen und von hinnen gehen. Enttäuscht bleibt die Schöne zurück und weint ihm nach: Einen bessern find'st du nicht!
Diesen Mann kann man um den Finger wickeln. Er liest die Wünsche seiner jeweiligen Freundin von den Augen ab und gibt nach, wenn sie schmollt. Er ist ein behutsamer Liebhaber, den man aber nie ganz besitzen wird. Es gibt Stunden und Tage, da kapselt er sich ab, ist kaum ansprechbar und brütet vor sich hin. Er pflegt dann unter harter Schale seinen weichen Kern.
Kluge Frauen sind in solchen Zeiten besonders zärtlich mit ihrem großen Bub und enthalten sich jeder Kritik über sein seltsames Gebaren. Sie zeigen sich verständig wie eine Mutter, die ihr krankes Kind pflegt. Sie wissen ja: Es wird schon wieder werden.

So beißt der Krebs an

Dieser Mann kennt noch die Liebe auf den ersten Blick! Für den zweiten ist er meist zu scheu. Die Frau, die ihn haben will, muß schon viel weibliche Schläue anwenden, damit er auch bestimmt anbeißt. Spielen Sie die mädchenhaft Tugendsame. Das mag er. Er schaut nicht unbedingt darauf, ob Sie schon andere Männer vor ihm kannten. Auf Unschuld ist er nicht fixiert. Es genügt ihm völlig, wenn die Beziehung abgebrochen wurde und Sie von nun an nur noch für ihn da sein werden.
Versuchen Sie niemals, hinter seine Geheimnisse zu kommen. Neugier mag er nicht ausstehen. Und einiges möchte er nun mal für sich behalten und es nicht brühwarm vor der Frau seines Herzens ausbreiten. So herzlich und einfühlsam ein Krebs-Mann sein kann, so verschlossen wirkt er gegenüber jedem, der sein Ich und seine Nachtseele ergründen will. Gerade diese Verschlossenheit macht ihn wahrscheinlich so interessant für Frauen mit Mutterinstinkt.
Er wechselt zwar die Freundinnen mehr oder weniger oft, wenn er sich aber endlich zur Heirat entschlossen hat, wird er brav und häuslich. Mancher Krebs-Mann ersetzt Spülmaschine und Haushaltshilfe, nur um sein liebes Frauchen nicht zu sehr mit Abwasch und Staubsaugerei zu belasten. Er ist für Koexistenz in der Ehe, in der man gemeinsam schafft, um länger von den blauen Stunden gemeinsamen Glücks profitieren zu können.
Bis auf die Zeit, in der er den bereits erwähnten Stimmungen unterworfen ist, geht in der Ehe mit dem Krebs-Mann der Gesprächsstoff nie aus. Er kann zuhören, wenn seine Frau jammert, und er kann wundervoll trösten. Er ist lustig und guter Dinge außerhalb jener Mondphasen, in denen er sein anderes Ich verrät.
Im Würfeln und im Kartenspielen sind die meisten Krebs-Männer einsame Klasse. Wer mit ihnen ein flottes Spielchen wagt, ist ihr Freund. Sie lieben auch die ganz privaten Spielereien, die nicht nur in der Ehe erlaubt sind. Ihr Spieltrieb stammt noch aus der Kinderzeit, als sie darüber die Schulaufgaben vergaßen.

Bitte, immer mit Gefühl

Auch bei jenen fröhlichen Spielen, die zur Liebe gehören wie das Salz in der Suppe, kann er alles um sich herum vergessen. Er konzentriert sich nur auf das eine Ziel, die Geliebte glücklich zu machen. Gefühl ist bei ihm alles. Er würde nie ein Mädchen mit harter Gewalt nehmen.

Erfahrene Frauen sollten behutsam mit ihm umgehen. Er haßt die Schulmeisterei und möchte selbst belehren. Wo kleine Hilfen angebracht wären, sollte man sie als seine Ideen verkaufen. Bei ihm heißt es auch in der Liebe: Selbst ist der Mann.

Und der ist zärtlich und geduldig. Der liebt ein sanftes Einpendeln, das dann der Draufgänger sieghaft beendet. Flüsternde Worte, in die Dunkelheit gesprochen, erhöhen den Reiz des Sichgehenlassens. Er ist ein zärtlicher Liebhaber, der niemals über die schwachen Stunden einer Frau in aller Öffentlichkeit sprechen wird. Er bleibt stets Kavalier, der genießt und schweigt.

Obszöne Gespräche führt kein echter Krebs. Aber er kann durchaus verstehen, wenn eine Frau in der Hitze des Liebesspiels sich wie eine Dirne benimmt. Er wird sie entschuldigen, weil sie ja nur ihm zuliebe in eine Rolle schlüpfte, die ihr sonst nicht liegt. Trotzdem sollte sich die Geliebte eines Krebs-Mannes immer soweit in der Gewalt haben, daß sie auch im temperamentvollsten Sturm auf selige Sexgefilde nie seine Gefühle verletzt.

Jeder Krebs-Mann reagiert in bestimmten Fällen überempfindlich. Das ließ zärtliche Stunden im Chaos enden. Es trifft manche Frau wie der Blitz aus heiterem Himmel und läßt sie ungläubig staunen über den Wetterwendischen, der wieder einmal etwas in den falschen Hals bekam. Fragt sich nur was. Auch hier tut sich wieder das ewige Rätsel Krebs auf, an dem sich schon andere vergeblich den Kopf zerbrachen.

Es kommt auf die Einfühlsamkeit der Frau an, wie sie auf solchen plötzlichen Stimmungswechsel reagiert. Im allgemeinen ist der Krebs-Mann einsichtig und gesteht sich Fehler ein. Die Frau selbst sollte nie darauf herumreiten. Kritik empfindet er als Nörgelei, und die ziemt sich nicht für ein weibliches Wesen. Daß er selbst gern kritisiert, mag dabei huldvoll übersehen werden.

Der Mann fürs ganze Leben

Die Frau, die er liebt, wird der Krebs-Mann auf Händen tragen, auch wenn bei ihr die Pfunde wuchern. Hat er sie geheiratet, bleibt er ihr Mann fürs ganze Leben. Wenn ihn nicht vorher seine Stimmungen und Launen aufreiben und krank werden lassen, schafft er die goldene Hochzeit leicht. Mit der Zeit wird er nicht mehr so pingelig auf Kleinigkeiten reagieren – vor allem dann nicht, wenn er eine verständnisvolle Frau an seiner Seite hat, die über die Untiefen seiner Nachtseele mit weisem Lächeln hinweggeht.
Psychologisch geschulte Kräfte haben es bei diesem so empfindsamen Mann leichter als flotte Bienen, die am oberflächlichen Spiel ihren Spaß haben. Auf Dauer wird bei ihm nur die Frau gewinnen, die Rückgrat besitzt und auch das seine unmerklich stützt. Die ihm Mut macht, den Alltag zu bestehen, und ihn nicht stört, wenn er mal allein sein will.
Verständnisvolle Frauen ebneten dem Krebs-Mann den Weg zur Karriere. Das Glück in der eigenen Familie half ihm, das Leben leichter zu meistern. Er dankt es mit einer Fürsorge, die den Kindern goldene Häuser baut und der Frau ein Heim, in dem sie sich als das beste Stück ihres Göttergatten fühlen darf.

Der Löwe-Mann

Leisetreter gibt es unter dem Löwe-Zeichen nicht. Da blitzt das Auge, dröhnt der Schritt. Man soll ihn sehen, soll ihn hören, den Königlichsten von allen. Das Selbstbewußtsein eines Löwe-Mannes bröckelt niemals ab. Und selbst in einer wirtschaftlichen Talfahrt hält er den Kopf hoch: Es wird schon wieder werden.
Daß dieser grenzenlose Optimist auch den Frauen gefällt, ist weiter nicht verwunderlich. Sie können zu ihm vertrauensvoll aufschauen und sich in seinen starken Armen geborgen fühlen. Der Löwe-Mann ist zudem recht spendabel. Er läßt etwas springen für seine Freundinnen und seine Jünger, die sich bei so viel Großzügigkeit natürlich gern um ihn scharen. So geht ihm zeitweilig das Geld aus, und er muß mit Vorschuß leben, um den Status des Gönners aufrechterhalten zu können.
Ein echter Löwe-Mann wird nie untergehen. Irgendwo wartet immer wieder auf ihn der Mäzen, der ihn fördert. Das kann durchaus auch die reiche Witwe sein, die ihn in ihr Haus aufnimmt und mütterlich umsorgt. Löwe-Männer haben natürlich Kraft genug, sich selber aus dem Sumpf herauszuschaffen, in den sie vor lauter Übermut geplumpst waren. Sie fallen wie die Katzen stets wieder auf die Füße.
Es ist viel Herzlichkeit im Wesen eines Löwen. Und wenn er sie ein wenig von oben herab verschenkt, sollte man ihm das nicht als Arroganz auslegen. Es ist die Leutseligkeit eines Königs, der seinem Volk huldvoll zugetan ist. Er ist charmant, er ist galant. Und das mögen die Frauen, die ihn umschwirren wie die Motten das Licht. Jeder Löwe-Mann hat einen weiblichen Fanklub, aus dem er sich die Frau aussuchen kann, die ihm am besten gefällt.
Leider kommen bei ihm die Mauerblümchen sichtlich zu kurz. Sein königlicher Blick erhascht nur Glanz und Glorie. Es sind die Rosen, die er knickt, wobei er beizeiten auch Erfahrungen mit den Dornen macht. Der Löwe-Mann ist kaum ein guter Menschenkenner. Nur zu leicht fällt er auf die Schmeichler herein, die ihm verschönte Ware verkaufen, bei der am Ende der Lack abblättert.

Obwohl er gern den großen Verführer spielt, wird er oft selber verführt von Frauen, die das verliebte Kätzchen spielen, sich aber danach als ausgewachsener Drache entpuppen. So kommt der Löwe-Mann zu mannigfachen Enttäuschungen, weil sein Blick leicht von falschem Glanz geblendet wird. Dämmert ihm dann die Erkenntnis, ist es oft zu spät, weil sich der Löwe bereits Hals über Kopf auf Lebenszeit verpflichtete. Als Mann von schnellen Entschlüssen zieht er die Blitzheirat einer langen Verlobungszeit vor. Nur so kommen Frauen, die ihn eigentlich gar nicht verdienen, an diesen sonnigen Knaben.

Wenn er es nicht auf einen Blitzsieg mit anschließender Jubelfeier auf dem Standesamt angelegt hat (wobei die Liebe auf den ersten Blick eine Hauptrolle spielte), wird eine echter Löwe seine Gunst mal hierhin und mal dorthin verschenken. Ein so umworbener Mann kann ja gar nicht anders, als zu pflücken, was sich vor ihm aus anfangs zarten Knospen zu voller Schönheit entfaltet.

Nur darum wurde auch mancher Löwe-Mann zum Playboy, der die Abwechslung sucht und den Charmeur alter Schule spielt, der Süßholz raspelt und Leidenschaft mimt, um zum Ziele zu gelangen. Das Feuer ist nun einmal sein Element. Er spielt gerne damit. Was sich erst als züngelnde Flamme lustig hin- und herbewegt, kann leicht zum Steppenbrand werden, der außer Kontrolle gerät und dem Löwen das Fell verbrennt. Aber er wird immer wieder wie Phönix verjüngt aus der Asche steigen.

Mit den Erfahrungen steigen seine Chancen beim schönen Geschlecht. Frauen schätzen ihn als ritterlichen Liebhaber. Sie mögen seine weltgewandte Art, mit der er sich in Gesellschaften bewegt. Und sie nehmen es ihm auch nicht weiter übel, wenn er sie als schmückende Accessoires mißbraucht, die seinen sprichwörtlichen Glanz noch erhöhen.

Der Löwe-Mann ist überall beliebt, und wenn man ihn näher kennenlernt, vertieft sich der Eindruck, hier einen feinen Kerl vor sich zu haben, mit dem man Pferde stehlen kann.

Keine Frau ist schlecht beraten, die ihn liebt. Sie wird von ihm mit teuren Geschenken überhäuft, wenn er gerade gut bei Kasse ist. Die Liebe läßt er sich stets etwas kosten. Nur zu leicht verdecken Äußerlichkeiten aber innere Werte. Und das Gefühl plätschert verspielt an der Oberfläche dahin.

Wie man sich einen Löwen schießt

Solch menschliche Löwen schießt man sich auf freier Wildbahn in illustren Gesellschaften oder bei Kerzenlicht und gedämpfter Musik in einem Nobelrestaurant. Etwas Stil muß schon dabei sein. Von der Atmosphäre, die ihn umgibt, schließt er jedoch oft auf den Charakter der Menschen, die zu ihm aufsehen. Nur zu leicht kann da der Schein trügen. So gerät er möglicherweise an eine Jägerin, die ihn mit weiblicher List fängt und ihm einen goldenen Käfig verpaßt, in dem er von nun an Männchen machen soll – ihr zuliebe. Wie gut, daß jeder Löwe Schleichwege kennt, im letzten Moment zu entwischen.

Immerhin ist die Gefahr, daß Löwen in die falsche Falle tappen, sehr groß, zumal sie sich leichter als andere Sterntypen blenden lassen. Wer sie dann bedauert, den fauchen sie an. Der Löwe-Mann ist stets davon überzeugt, daß das, was er tut, das einzig Richtige war. Und wenn es sich als falsch erwies, will er selbst daraus die Lehre ziehen. Lehrmeister braucht er nicht. Bei solcher Beurteilung der persönlichen Lage ist es erstaunlich, daß die meisten Löwe-Männer dann doch an jene gelangen, die in treuer Liebe danken für die gütige Herablassung, es mit ihnen zu versuchen. In den entscheidenden Augenblicken seines Lebens scheint dem Löwe-Mann immer wieder die Sonne, die ja auch seine Geburtsherrscherin ist. Er hat das Glück des Tüchtigen.

Kluge Frauen, die sich diesen Supermann erobern wollen, sind gut beraten, wenn sie sich in die Reihen derer einreihen, die ihm Beifall klatschen. Er möchte immer der umworbene Mittelpunkt sein, gegenüber dem alles andere verblaßt. Er liebt den geschliffenen Disput über Themen, die ihm besonders gut liegen. Man zeige gleiches Interesse, bis er aufmerksam wird. Schon scheint das Spiel gewonnen, wenn nicht eine andere die gleiche Masche verfolgt und ihm die Qual der Wahl bleibt.

Sollte er sich für Sie entscheiden, haben Sie den zärtlichsten und einfühlsamsten Liebhaber gewonnen, den Sie sich nur denken können, falls Sie auch weiterhin die Grundspielregeln beachten und untertänigst zu ihm aufschauen.

Auch im Bett ein Wundermann

Als Geliebter wird der Löwe-Mann den höchsten Ansprüchen gerecht. Auch im Bett ist er der Wundermann, der Glanz in die kleinste Hütte bringt. Zurückhaltung kennt er nicht. Er ist der Draufgänger, der kraftvoll den eigenen Höhepunkt ansteuert, wobei die Partnerin selbst sehen mag, daß sie von solchem Tatendrang angesteckt und befriedigt wird.
Selbst im Bett sollte man ihm noch Lob zollen. Frauen, die ihn da kritisieren, werden abgehalftert und können im stillen Kämmerlein darüber nachdenken, welch edlen Freund sie durch eigene Schuld verloren haben.
Ein Löwe-Mann hält sich kaum mit langwierigen Vorspielen auf. Er will seine Potenz gleich beweisen und glaubt, daß das auch für seine Partnerin die beste Lösung ist. Die Frau, die ihn liebt, sollte das einsehen lernen und sich in seine schnelle Truppe einreihen. Hinterher bleibt noch genug Zeit, vorher fehlende Streicheleinheiten zu bekommen.
Sex ist für den Löwe-Mann eine andere Art der Selbstbestätigung. Enthaltsamkeit ist für ihn fehl am Platze. Die geliebte Frau muß zu jeder Tages- und Nachtzeit für ihn bereit sein. Das mag sie manchmal Überwindung kosten, aber wenn sie ihren Freund nicht verlieren will, sollte sie auch dann mitmachen, wenn sie kaum Lust und Laune verspürt.
Er stellt totale Besitzansprüche an die Frau, mit der er das Lager teilt. Wer solch königlichen Bettgenossen einfing, sollte das einsehen und sich entsprechend fügen. Und wenn er auch gleich zum Thema kommt, so mag man sich trösten: Seine Potenz garantiert für große Ausdauer, sein galantes Wesen für Zärtlichkeit. Seinem Charme kann sich niemand entziehen. Langjährige Löwe-Gespielinnen werden es bestätigen: Er ist der Beste!

Der Löwe im Freiluftkäfig

Jeder Löwe-Mann wird die Ehe zunächst als einen großen Käfig betrachten, in den man ihn gefangennahm. Man lasse stets ein Türchen offen, durch das er zeitweilig flüchten kann. Er braucht den

Auslauf, genügend Bewegungsfreiheit, um sich entfalten zu können. Eingeengt brütet er vor sich hin und zeigt Launen.
Frauen, die ihn gefangen halten, sind schlecht beraten. Sie können nicht verhindern, daß er sich heimlich ein Loch gräbt, um sein Gefängnis zeitweilig zu verlassen. Nicht alle Löwen sind bedingungslos treu. Wer ihnen aber genügend Freiheit läßt, den werden sie kaum enttäuschen: Jeder Löwe kehrt wieder an die Futterstelle zurück, an die er sich gewöhnt hat.
Frauen, die sich einen Löwe-Mann einfingen, sollten keinen Grund zur Eifersucht geben. Sie macht ihn rasend und bereit, den nächsten Scheidungsrichter aufzusuchen mit der Begründung, daß Majestätsbeleidigung von jeher strafbar war.
Hüten Sie sich darum als Ehefrau eines Löwen, mit anderen Männern zu flirten. Selbst den harmlosesten Flirt wird er in eine strafbare Handlung umfunktionieren. Aber es ist das Recht der Könige, sich auch anderen weiblichen Untertanen huldvoll zu erweisen. Ins Reine gesprochen: Ein Löwe nimmt sich gern heraus, was er anderen verwehrt.
Im Grunde seines Herzens ist jeder Löwe-Geborene ein liebenswerter Mann, der für seine Frau und seine Familie rührend sorgt. Jeder Mensch hat seine Fehler. Von den Fehlern eines Löwe-Mannes sollte man nicht reden. Man nehme sie mit Humor. Auf ihn wird er ansprechen und allmählich in sich gehen. Denn er lacht ja für sein Leben gern.

Der Jungfrau-Mann

Ein feuriger Liebhaber ist er nicht, der schmalzige Liebeserklärungen abgibt und Schwüre von ewiger Treue. Der Jungfrau-Mann käme sich dabei ziemlich albern vor und müßte über sich selbst lachen. Und wer tut das schon gern? Manche halten ihn für gefühlskalt, aber das scheint nur so, weil ein scharfer Verstand darüber wacht, daß man sich nicht gehen läßt.

Der Jungfrau-Mann macht immer eine gute Figur. Er will vor sich selbst bestehen. Was andere von ihm denken, ist ihm ziemlich gleichgültig. Sein Ordnungsinn geht so weit, daß ihn jedes Stäubchen ärgert. Er kleidet sich adrett und hält auf Hygiene. Jungfrau-Männer, die dieses Bild Lügen strafen, sind in der Minderzahl. Sie haben irgendeinen verkorksten Planeten oder Aszendenten im Horoskop, die in Opposition zur Jungfrau stehen und die unter solchen Umständen Geborenen manchmal als unrasierte Strauchdiebe erscheinen lassen.

Der normale Jungfrau-Mann hält auf Etikette, putzt sich piekfein heraus und läßt sich nie gehen. Daß Frauen auf solchen schicken Herrn die Augen werfen, ist die natürlichste Sache der Welt. Ohne auch nur das geringste dazuzutun, hat der Jungfrau-Mann Chancen beim schönen Geschlecht, die er gut ausnutzen könnte, wenn er nicht so viele Wenn und Aber wüßte. Und außerdem wird er wohl nie den ersten Schritt wagen. Es sind immer die Mädchen, die ihn ansprechen, mit ihm flirten und ihn schließlich auch rumkriegen.

Der Flirt gefällt ihm, wenn er mit Witz und Geistesblitz vorgetragen wird. Dumme Frauen kann der Jungfrau-Mann nicht ausstehen. Langatmige Monologe haßt er bei anderen, obwohl er sie selber gern hält. Er will gleich wissen, woran er ist und wie er sich verhalten kann. Ein Drumherumreden um den heißen Brei hält er für eine Themaverfehlung, die ihn nur Zeit kostet und nichts einbringt. Der Jungfrau-Mann ist stets in Zeitnot. Er arbeitet viel, weil er es den anderen, die sich gern drücken, zeigen will. Er ist ein Streber, der mit den Ellenbogen nachhelfen kann, wenn es heißt, unliebsa-

me Konkurrenten aus dem Wege zu räumen. Wenn man ihn dabei ertappt, wird er verwundert aufschauen und tun, als sei nichts gewesen. Man möge ihm verzeihen: Er will keinem schaden, sondern sich nur selbst nützen. Und das ist menschlich durchaus verständlich.
In den zwischenmenschlichen Beziehungen geht dem Jungfrau-Mann manches daneben, obwohl er stets die besten Absichten hat, sich um Kameradschaft und gegenseitiges Verständnis bemüht. Es bricht eben des öfteren seine Nachtseele durch, die selbst seinen messerscharfen Verstand überspielt und ihn Dinge tun und sagen läßt, die andere auf die Palme treiben. Schon manches Liebesverhältnis ging in die Brüche, wenn der Jungfrau-Mann begann, die Heißgeliebte kritisch zu analysieren und Schattenseiten aufzuzeigen, von denen sie selbst noch nichts wußte.
Auch das sollte man ihm gleich verzeihen: Wenn er Vertrauen zu jemandem gefunden hat, denkt er, brauche man diesen nicht mehr mit Glacéhandschuhen anzufassen. Zum Vertrauen gehört bei ihm absolute Ehrlichkeit. Wer das nicht verträgt, taugt in seinen Augen nicht allzuviel, und es wäre auch nicht schade, wenn man mit ihm brechen würde.
Jungfrau-Freundinnen haben es schwer. Sie haben den besten Mann, den man sich denken kann, aber leider hat ausgerechnet der kleine Fehler, die im zwischenmenschlichen Bereich zu funktionellen Störungen führen können. Dabei kann er so lieb, so aufmerksam und reizend sein, daß es eine Wonne wäre, mit ihm zu leben. Und dann verwischt er alles wieder mit seiner pingeligen Ehrlichkeit und aufreizenden Kritiklust.

So fördert man seine Entschlußfreude

In Sachen Liebe ist der Jungfrau-Mann immer ein wenig in Wartestellung. Er zögert lange, bevor er vor dem Standesbeamten sein Jawort gibt. Das ist dann freilich ohne Wenn und Aber. In der Ehe sind Jungfrau-Männer bis auf wenige Ausnahmen absolut treu.
Sie überlegen sich lange, bis es zur Eheschließung kommt. Schließlich ist die Mark im Ehestand auch für sie nur noch fünfzig Pfennig wert. Und da der Jungfrau-Mann mit jedem Groschen

rechnet, fällt ihm solche Entscheidung schwer. Leichter wird sie ihm sicherlich, wenn der Partner eine kleine Mitgift mitbringt, die man festverzinslich anlegen kann, um aus dem Gröbsten herauszukommen.

Machen wir uns kein falsches Bild von diesem Mann: Er ist kein Mitgiftjäger. Aber Kapital, das so nebenbei aufs Konto fließt, stört ihn nicht. Erstaunlich viele Jungfrau-Männer heiraten arme Mädchen, die nur einen wachen Verstand und sehr viel Gefühl in die Ehe mitbringen. Solche Gaben schätzen sie mehr als Bankkonten, deren Zinsen schwanken. Dumme Frauen mögen sie nicht.

Stellen Sie es also gescheit an, wenn Sie um einen Jungfrau-Mann werben. Er ist auf vielen Gebieten bewandert und wird Ihr Wissen prüfen. Man kann auf jedes Thema kommen, nur den Zeitpunkt der Hochzeit läßt er gern offen. Immer wieder sieht er noch etwas, was ihn an seiner Partnerin stört. Als Kritiker aus Passion kommt er leicht vom Hundertsten ins Tausendste.

Stärken Sie seine Entschlußkraft, indem sie ihm schlagfertig auf allzu kritische Bemerkungen antworten, und entkräften Sie diese mit gesundem Mutterwitz. Auf der Welle des Verstandes ist er immer ansprechbar und leicht zu überzeugen.

Sprechen Sie nicht zuviel von Sex und lustigen Spielen, die den Lebensgenuß erhöhen. Ein Jungfrau-Mann ist nicht prüde, aber Gespräche über Thema eins, die Liebe, mag er nicht. Schon gar nicht, wenn sie über zart geschwungene Frauenlippen kommen. Er wird aber gern Ihrer Einladung zum Hausbesuch nachkommen und alles Nötige für die Nacht mitbringen. Von liebgewordenen Sachen trennt sich ein Jungfrau-Mann nicht gern. Er hängt auch noch an der alten Freundin, wenn man sich im gegenseitigen Einverständnis trennte. Und er wird sich bei ihr möglicherweise noch manchen Rat fürs Leben holen. Wer da als die Neue eifersüchtig werden würde, könnte auf sein Unverständnis stoßen. Was ist denn schon dabei? Man hat ja die andere geliebt und ist in Freundschaft auseinander gegangen, und da soll man nicht mehr mit ihr verkehren dürfen?

Jungfrau-Männer haben gern zwei Eisen im Feuer, wenn sie gesetzlich noch nicht gebunden sind. Sie trennen sich von alten Gewohnheiten nur, wenn sie mit Stempel und eigenhändiger Unterschrift ewige Treue besiegeln. Wer sie zum Standesamt bringt, hat gewonnenes Spiel. Schon aus Sparsamkeitsgründen leisten sie sich bei sowieso halbiertem Geld keinen noch so bedeutungslosen Seitensprung mehr.

Auch beim Sex noch formtreu

Natürlich schaut auch der Jungfrau-Mann hinter schlanken Mädchen her. Aber er wird nicht durch die Zähne pfeifen wie andere, um auf sich aufmerksam zu machen. Sex ist für ihn die selbstverständlichste Nebensächlichkeit der Welt. Mehr nicht.
Wenn er zu einer Frau Zuneigung faßte, wird er sie umwerben. Da ist viel vom gemeinsamen Haushalt die Rede, aber wenig vom Allzumenschlichen. Er ist kein Draufgänger, der gleich das erste Rendezvous mit einer Bettszene bereichern will. Er hält auch in den zwischenmenschlichen Beziehungen auf Etikette. Wenn er sich verabredet, wird er pünktlich erscheinen. Die Frau, die sich verspätet, hat einen Minuspunkt mehr in seinem Gedächtnisprotokoll. Wen er sich einmal zu Intimitäten entschlossen hat, wird er wie selbstverständlich reagieren. Man ist sich einig – weshalb dann noch große Umstände machen? Obszönitäten schätzt er nicht, er ist auch beim Sex für Formen, die den Anstand wahren. Und nur deshalb ist er nicht so feurig wie andere Liebhaber, die das Leben als eine einzige Achterbahn ansehen, bei der es auf und ab und kreuz und quer geht.
Sein Sexverständnis beschränkt sich meist auf das Bekannte, Überlieferte. Partnerinnen, die mehr von ihm haben wollen, sollten ihre Erfahrungen spielen lassen. Ein Jungfrau-Mann ist gelehrig und fragt nie, woher man hat, was man ihm beibringen möchte. Neuem ist er aufgeschlossen, wenn es sich nicht in unnatürlichen Bewegungen ausdrückt, die die Glieder selbst des meist gymnastisch geschulten Jungfrau-Mannes ineinander verknoten könnten.
In der Liebe kann er keine großen Worte machen. Beim Vorspiel heizt er kaum die Stimmung mit heißen Liebkosungen und geflüsterten Liebesschwüren an. Aber er weiß, was seiner Partnerin dient und trägt dem pflichtschuldigst Rechnung. Was dann noch fehlt, holt er anschließend mit bestaunenswerter Ausdauer nach. Jungfrau-Männer verlieren nie die Kontrolle über sich.

Das Pflichtbewußtsein macht ihn treu

Wir sagten es schon: In der Ehe ist der Jungfrau-Mann absolut treu. Wer ihn aufs Standesamt schleppte, braucht keine Befürchtungen zu hegen, daß er nächtliche Konferenzen vorgibt, um dann im Trüben zu fischen. Wenn er sagt, er müsse nachts arbeiten, wird das stimmen. Für ihn sind Überstunden der erste Schritt zu einer noch besseren Karriere.

Er ist pflichtbewußt im Beruf, aber genauso auch im Privatleben. Scheidungen gibt es unter der Jungfrau wenig. Und wenn sie einmal eingereicht werden, war bestimmt die Partnerin der schuldige Teil. Möglicherweise konnte sie seine penetrante Art nicht mehr ertragen, in jeder Ecke der gemeinsamen Wohnung nach einem Staubkorn zu suchen, das er mit Wortgewalt zum mittleren Felsbrocken hochstilisieren kann.

Vielleicht mockiert er sich auch über die schlampige Führung des Haushaltsbuches, in das sie Ausgaben einzutragen vergaß. Es gibt viele Gründe, die einen Jungfrau-Mann zu harter Kritik reizen können. Wer ihn behalten will, mag gönnerhaft darüber hinwegsehen. Manche können es nicht und suchen heimlich einen, der sie tröstet. Aber sie bedenken dabei nicht, daß der Jungfrau-Mann eigentlich das beste ist, das man auf dem Heiratsmarkt bekommen kann: ein treusorgender Familienvater, der nur zeitweilig seine Macken hat.

Der Waage-Mann

Am liebsten würde er die ganze Welt umarmen und für ewigen Frieden und harmonische Koexistenz sorgen. Da das nicht geht, sucht sich der Waage-Mann eine Frau, mit der er im kleinen versucht, was ihm im großen verwehrt ist: Ein Leben in Liebe und stetiger Verständigungsbereitschaft, in dem ein kleiner Streit höchstens dem Zwecke dienen kann, sich hinterher noch besser zu verstehen.

Der Waage-Mann hat hohe Ziele und versucht, diese über den ständigen Ausgleich von Gegensätzen zu erreichen. Leider denkt nicht jeder so wie er und stellt ihm Fallen, in die er arglos tappt, um dann um eine Erfahrung reicher zu sein. Das macht ihn auch unsicher, läßt ihn wie ein Rohr im Winde hin- und herschwanken und nach außen hin einen unsteten Charakter offenbaren, der konträr zu dem steht, was er in Wirklichkeit will.

Und so wird aus dem Friedfertigen ein Kämpfertyp, der sich der menschlichen Unzulänglichkeit mit Vehemenz entgegenstemmt, die im eigenen Ich beschlossen ist. Er wird zum Pendler zwischen den Fronten, wobei das Pendel nach beiden Seiten gleichzeitig ausschlägt, was nach physikalischem Gesetz eigentlich gar nicht möglich ist.

Zu Recht hat man den Waage-Mann mit seinem Geburtszeichen verglichen. In seinem Leben geht es immer wieder auf und ab. Das zeichnet sich auch in den intimen Beziehungen ab. Er ist von jeder Freundin begeistert, die er gerade hat. Er liebt sie heiß und innig, aber dann wird irgendein vertrackter Anlaß hochgespielt, und man lernt sich »richtig« kennen. Der Waage-Mann wird bis zuletzt versuchen, die Harmonie wieder herzustellen, aber nur zu oft muß er einsehen, daß mühsam Gekittetes schnell wieder zerbricht.

Gerade der Waage-Mann gerät leicht an die Falsche, die ihn als Kavalier kennenlernt und glaubt, mit ihm leichtes Spiel zu haben. Die ihn nach Strich und Faden ausnutzt, indem sie einen Wesenszug der Waage für ihre Zwecke umfunktioniert: Ein Waage-Mann kann nicht nein sagen. Das macht es Frauen, die es auf ihn abgese-

hen haben, nicht allzu schwer, sich diesen Mann zu angeln. Er wird mit ihnen turteln, er wird ihnen alle Wünsche erfüllen, solange er zahlungskräftig ist. Er wird auch ja zum Hochzeitstermin sagen, aber kurz vor dem festlichen Ereignis möglicherweise Reißaus nehmen, weil er plötzlich Angst vor der eigenen Courage bekam.
Die Verflossene mag sich trösten: Die Gefühle des Waage-Mannes waren tief und echt, seine Liebe hätte Häuser versetzen können. Irgendwie nur kam ein Körnchen Sand ins Getriebe und brachte es zum Stillstand. Da hatte eigentlich keiner schuld.
So kommt es, daß viele den Waage-Mann für den Erfinder der Liebesaffären halten. In Wirklichkeit verschieben sich bei der Waage nur die Gewichte und bestimmen den Wert der Ware. Todsicher hat ein Waage-Mann kurz vor Beendigung einer Liaison längst eine andere im Auge, mit der er versuchen will, was er bei der einen nicht schaffte: die totale Harmonisierung des menschlichen Zusammenlebens.
Der Waage-Mann trauert verflossenen Liebschaften nie lange nach. Er bucht sie höchstens als Erfahrung ab, die der nächsten Frau seiner Träume zugute kommen mag. Das ist kein schlechter Charakterzug, sondern eben der Lauf der Welt. Das Leben geht weiter, und die Liebe sprießt neu wie das Blümlein auf Ruinen.
Man unterstelle diesem Mann nie den bösen Willen, es im intimen Bereich nur auf kurze Fristen abgesehen zu haben. Dagegen sprechen die vielen Waage-Ehemänner, die in einer Blitzheirat das Glück zu zwingen suchten und oft auch auf Dauer fanden. Ein Waage-Mann ist, wenn er zu lieben glaubt, immer der Ansicht, daß es nur die und sonst keine sein müsse. Sein Ziel ist stets das feste Verhältnis, das nur darum nicht zustande kommen könnte, weil sich der Waage-Mann nie so recht entscheiden kann. Wie gut, wenn er da eine Frau an seiner Seite weiß, die ihm die Entscheidung abnimmt – so oder so.

Heiraten Sie ihn einfach

Guter Rat an die festen Freundinnen dieses so wankelmütigen Liebhabers: Bestellen Sie, so schnell es geht, das Aufgebot und heiraten Sie ihn. Wenn Sie dann noch ein klein wenig seinem Har-

moniestreben entgegenkommen, werden Sie zeitweise sicherlich den Himmel auf Erden bei ihm haben. Kein Mann kann so lieb und zuvorkommend sein wie dieser, keiner so gerecht urteilen wie er.
Wenn Sie sich diesen Mann angeln, haben Sie zumindestens guten Geschmack bewiesen. Sie haben auch keinen Fehlgriff getan, nur sollten Sie ihm das möglichst dreimal täglich bewundernd sagen. Auf Lob und gute Worte sind Waage-Männer angewiesen, weshalb sie leider nur allzuoft auf schmähliche Schmeichler hereinfallen, die gar nicht meinen, was sie sagen.
Obwohl diese von der Venus beherrschten Männer gescheit sind und echte Gefühle durchaus von unechten unterscheiden können, lassen sie Heuchelei gelten, wenn sie ihnen nur ein wenig schmeichelt. Es ist die eigene Eitelkeit, die dem Waage-Mann immer wieder übel mitspielt und zu schaffen macht.
In solch eitles Gehabe bezieht er auch die Frau ein, die er liebt. Er möchte sich mit ihr zeigen können und sie ebenso wie sich selber bewundert sehen. Männer, die mit seiner Schönen flirten, mag er nicht. Er wird Mittel und Wege finden, diesen lästigen Vögeln die Flügel zu stutzen. Dabei gibt eher gekränkte Eitelkeit als Eifersucht den Ausschlag.
Jeder Waage-Mann stellt den Ausschließlichkeitsanspruch auf die Frau seines Herzens. Das sollten Sie bedenken, wenn Sie sich mit solchem Musterexemplar eines Liebhabers einlassen. Obwohl er jeder schicken Dame hinterherschaut und deren schlanke Figur mit den Augen streichelt, sollten Ihre Blicke nur auf ihn, den Herrlichsten von allen, gerichtet sein. Frauen, die schielen, sind ihm ein Greuel.
Er ist ein Schönheitsfanatiker. Obwohl er selbst mit der Zeit seine Gewichtsprobleme bekommen mag, sieht er seine Herzallerliebste gern schlank und rank. Zunehmende Rundlichkeit könnte ihn leicht auf schlechte Gedanken bringen und nach vergangenen Formen in anderer Gestalt suchen lassen. So ganz sicher sollte man sich seiner nie sein, selbst nicht nach der silbernen Hochzeit, denn sein Blick für alles Schöne wird nie und nimmer getrübt.

Lassen Sie sich von ihm streicheln

Natürlich ist der Waage-Geborene ein echter Mann, der Liebe nie ohne Sex begreift. Wenn er ein Verhältnis anstrebt, wird er immer auch das Ziel verfolgen, mit seiner Schönen recht bald intim zu sein.

Lassen Sie sich von ihm streicheln, und Sie werden wissen, warum ihm die Frauen schöne Augen machen. Er ist ein Meister des Vorspiels, das zunächst vielleicht von Beethovens Neunter untermalt wird, dann aber im Swing endet. Waage-Männer lieben die Musik, solange sie nicht disharmonisch klingt. Im Liebesspiel erweisen sie sich als Künstler, die in Nuancen schwelgen und dabei doch nie die Gesamtkomposition aus dem Auge verlieren.

Frauen, die mit solchem Mann fröhliche Spiele trieben, lobten vor allem seine Phantasie, seine Streichelkünste, die behutsame Art, sich auf den anderen einzustellen. Auch im Bett bleibt der Waage-Mann ein Gentleman, der sich der Partnerin anpaßt und durchaus versteht, wenn sie mal nicht so will, wie er es gern haben möchte. Das Vulgäre ist ihm verhaßt, aber wenn es seiner Gespielin gefällt, macht er alles mit, zu dem sie ihn anregt.

Nicht nur in jungen Jahren ist der Waage-Mann die Ausdauer in Person. Obwohl er durchaus kein athletisch gebauter Adonis sein mag, legt der Sex Kräfte in ihm frei, die selbst eine frigide Frau anheizen könnten. Er ist nicht der Stürmer und Dränger, der nur der eigenen Befriedigung wegen Intimitäten austauscht. Er wartet im Gegenteil geduldig ab, bis seine Herzenspartnerin dem Ziel nahe ist, um dann mit ihr in Lust zu schwelgen.

Auch im Bett ist das Harmoniestreben der Waage nicht zu übersehen. Und das macht ihn zum Liebhaber par excellence, den man nie vergißt.

Er kann ja so treu sein

Frauen, die vor Eifersucht platzen, wenn nur ein hübsches Mädchen ihren Waage-Mann angafft, sollten ihn gar nicht erst heiraten. Obwohl er in vielen Dingen recht kleinlich sein kann, schätzt er an seiner Lebensgefährtin vor allem Großzügigkeit, das

weise Übersehen seiner Fehler, die er selber nur zu gut kennt und stets auszumerzen versucht, was ihm aber nie ganz gelingt.
Der Waage-Mann kann ja so treu sein, wenn er die Frau gefunden hat, die auf seine ständig wechselnden Einfälle mit viel Verständnis reagiert und ihm nicht bei jeder passenden Gelegenheit einen Ehekrach hinzaubert, über den hinterher die Nachbarn tuscheln. Er ist taktvoll, verlangt aber auch von anderen Takt. Gutes Benehmen ist für ihn erste Bürgerpflicht. Ist es da erstaunlich, wenn der vielzitierte Schöpfer gesellschaftlicher Anstandsregeln, der Freiherr von Knigge, ein Waage-Mann war?
Jeder aus diesem Zeichen reagiert allergisch auf Streit, auch wenn er ihn möglicherweise selbst vom Zaume brach. Er kann in seinem Streben nach Eintracht und Frieden dem Gegner das Wort im Munde herumdrehen, nur um ihm zu beweisen, wie unrecht er doch hatte. So was nennt der Gauner dann höhere Diplomatie. Und er setzt sich meist sogar damit durch.
Der Waage-Mann bleibt treu und anhänglich, wenn seine Frau nur für ihn da ist. Er liebt seine Kinder, aber er kann es nicht ausstehen, wenn Mutterpflichten höher gestellt werden als die der Ehefrau. Das läßt auf Egoismus schließen. Aber es ist eher die ständige Angst, nicht die rechte Gegenliebe erhaschen zu können, nach der er sich stets und ständig sehnt.
Der Waage-Mann ist ein unverbesserlicher Optimist. Selbst wenn er seine Gefühle angekratzt glaubt, wird er herauszupolieren suchen, was nicht mehr so recht glänzt. Wie wär's, wenn die Frau seines Herzens ihm beim Polieren behilflich wäre?

Der Skorpion-Mann

Vorsicht! Dieser Mann ist wie ein Vulkan, der Feuer speit und alles niederwalzt, was sich ihm entgegenstellt. Der Skorpion-Mann hat einen starken Willen und eine Energie, die er gezielt dort einsetzt, wo für ihn etwas zu holen ist. Gleich zwei Planeten standen bei seiner Geburt Pate: Vom Mars hat er das Feurige, ewig Vorwärtsstürmende, vom Pluto die magische Kraft, jeden in seinen Bann zu ziehen, an dem er Interesse hat.
Von fast hypnotischer Gewalt ist sein Blick. Mit übersinnlicher Kraft versucht er sein Opfer gefügig zu machen, dem es ergeht wie dem Kaninchen bei der Schlange. Frauen, die mit ihm flirten, müssen dem Rechnung tragen. Der Skorpion-Mann ist immer zu allem bereit und läßt es kaum beim oberflächlichen Gesellschaftsspiel.
Schon als Jüngling sammelt er Gespielinnen für frohe Stunden. Er ist nicht sehr wählerisch. Gefällt ihm eine, muß er sie haben. Und er wird sie bekommen, wenn sie nur die geringste Schwäche zeigt. Seinem männlichen Charme und seiner erotischen Kunst, glaubt er, könne keine widerstehen. Der Erfolg gibt ihm recht.
Und doch ist er kein Don Juan, kein Bruder Leichtfuß, der die Mädchen gleich reihenweise vernascht und jede Nacht in einem anderen Bett verbringt. Die Potenz wäre zwar vorhanden, aber eine einzige Frau kommt auf die Dauer billiger.
Jeder Skorpion-Mann ist besitzergreifend. Er möchte befehlen. Sein Wille geschehe im Beruf und im Privatleben. Wo einer nicht kuscht, hilft sein Stachel nach. Sein Gift heißt List und Tücke.
Bei vielen Frauen hat der Skorpion-Mann leichtes Spiel, bei dem kein Stachel nachhelfen muß. Sie lieben seine fröhliche, ungezwungen Art, seine einschmeichelnde Sprache, sein Draufgängertum, das gleich zur Sache kommt. Mit anderen Worten: Sie machen es ihm leicht, ihr Herz zu erobern. Trotzdem sucht er sich aus diesen Kreisen kaum die Frau fürs Leben. Wo der Widerstand fehlt, verliert er die Lust. Er will die Festung im Sturm nehmen. Wer gleich die weiße Fahne hißt und sich als leichte Beute vereinnahmen läßt, hat nicht unbedingt seine allergrößte Wertschätzung.

Jetzt wissen wir also, warum so viele Skorpion-Männer ein Leben lang Junggesellen bleiben und notgedrungen die Playboys williger Mädchen spielen: Die Frauen machten es ihnen nicht schwer genug.
Der Skorpion-Mann legt nicht unbedingt Wert auf Jungfräulichkeit. Was vor ihm war, interessiert ihn nicht. Zur Not heiratet er die Geschiedene seines besten Freundes, die lange Zeit als uneinnehmbare Festung galt. Oder er verfolgt hartnäckig ein Mädchen, das seinen Liebeskünsten erlag, dann aber einen anderen fand, von dem es sich mehr erwartete. Wenn seine Kampfeslust erwacht, ist niemand vor ihm sicher.
Nun glaube nur ja keiner, der Skorpion-Mann suche sich stets die Germania, die ehern die Wacht am Rhein singt. Seine Favoritin ist ein zartes Geschöpf mit einem unbändigen Willen, den er – koste es, was es wolle – brechen wird. Nach dem Gang zum Standesamt muß es tun, was ihm gefällt. Der eigene Wille hat aufgehört zu existieren. Er bestimmt, was auf den Tisch kommt, wobei er deftige Hausmannskost bevorzugen wird. Was der Bauer nicht kennt, ißt er nicht. Seine Frau sollte sich hüten, ihm Sachen vorzusetzen, die er verabscheut.
Er ist der Diktator in der Ehe. Die einst so stolze Frau, die er sich gefügig machte, handelte sich mit ihm einen Mann ein, mit dem sie Pferde stehlen kann. Er ist ein treusorgender, wenn auch etwas egozentrischer Hausvater, der die Ordnung liebt. Ein Mann, der noch auf die Einhaltung ehelicher Pflichten pocht, wobei freilich die Rechte der Frau manchmal zu kurz kommen. Gleichberechtigung ist nicht unbedingt die Sache eines Skorpions.

Wie man wider seinen Stachel löckt

Frauen, die es auf diesen Mann abgesehen haben, müssen es darauf anlegen, wider seinen Stachel zu löcken. Es ist ein gefährliches Spiel; denn von da an wird er alles daransetzen, sie zu bekommen. Widerspruch duldet er nicht. Er will sich jede gefügig machen. Ihn reizt das Risiko, auch einmal abgewiesen zu werden. Wer sich anfangs störrisch zeigt, hat die große Chance, von ihm aufs Standesamt geschleppt zu werden. Freilich muß sich die Frau seines

Herzens darüber im klaren sein, daß sie von nun an unter seinem Befehl steht.
Kluge Frauen ordnen sich seinen Wünschen unter, lassen ihm vor allem nie den geringsten Grund zur Eifersucht, die ihn rasend macht wie Othello; aber der war eigentlich nur ein Waisenknabe gegen ihn.
Der Skorpion-Mann stellt an seine Frau den Ausschließlichkeitsanspruch. Sie sollte sich lieber als Heimchen am Herd fügen und nie mehr wie ein Schmetterling durchs Leben flirren, sonst wird ihr der Skorpion-Mann die bunten Flügel stutzen.
Die Frau, die ihn begehrt, darf auch nie über ihn lachen. Nach außen hin spielt er gern den beherrschten Mann, die Würde in Person. Man sollte ihn ernst nehmen, selbst wenn er sich in ein Thema verbeißt, von dem er nicht allzuviel versteht. Widerspruch reizt ihn, seine eigene Meinung nur um so schärfer zu verfechten.
Was viele an ihm schätzen, ist seine unbedingte Wahrheitsliebe. Lügen kann er nicht. Wenn er eine Frau bewundert, sagt er ihr das genauso ehrlich wie das, was ihm an ihr nicht gefällt. Umgekehrt sollte die Frau, die sich mit solchem Wahrheitsapostel verbindet, auf gar keinen Fall Gleiches mit Gleichem vergelten. Der Skorpion-Mann kann Kritik an der eigenen Person nicht vertragen – er weiß ja selber, welche Fehler er hat.
Wenn sie tut, was er will, handelt sich seine Frau den Himmel auf Erden bei ihm ein. Er trägt sie zeitweilig sogar auf Händen und erfüllt ihre geheimsten Wünsche. Er ist herzensgut zu ihr und den Kindern und einsame Spitze als Liebhaber, der immer wieder neue Lustspiele erfindet, die selbst die müdeste Frau zur munteren Mitspielerin machen können.

Der Feuerblitz, der elektrisierend wirkt

Sexuell wirkt jeder Skorpion-Mann wie ein Magnet, der alles anzieht, was er ausziehen will. Er ist wie ein Feuerblitz, der bei Berührung elektrisiert. Obwohl viele Skorpion-Männer auf ihre schlanke Linie achten und manche sogar ausgesprochen klein und mickerig sind, haben sie eine Potenz und Ausdauer wie echte Kraftprotze.

Prüde Frauen sollten sich mit ihm nicht einlassen. Er kennt alle Schliche und Kniffe, den Lustgenuß zu erhöhen, ist dabei aber nie sehr zimperlich. Was mit Zärtlichkeit begann, kann bei ihm durchaus in höllischem Feuer enden, an dem man sich nicht nur die Finger verbrennt. Zarte Frauen, die da nicht mithalten können, werden bei ihm ein blaues Wunder erleben.
Der Skorpion-Mann, der nach außen hin so kühl und gelassen ist, entpuppt sich beim Liebesspiel als ein Heißsporn, bei dem die Frau als Lustobjekt rangiert, das alles mitzumachen hat, was der hohe Herr sich wünscht.
Der unterm Skorpion-Zeichen Geborene ist kein Mann, der nach der ersten Sexrunde schon in Morpheus Armen ruhen möchte. Seine Potenz hält ihn wach und fordert nach baldiger Fortsetzung des intimen Spiels. Selbst ausdauernde Sexpartnerinnen kommen da kaum mit, zumal er sie mit Spielarten erschrecken kann, die über das Maß des Üblichen weit hinausgehen. Seine sexuelle Phantasie schlägt manchen Purzelbaum.
Für Vorspiele hat er nur insofern etwas übrig, wenn sie mit einem deftigen Mahle beginnen, durch das man sich für spätere Anstrengungen stärken kann. Ansonsten sollte man gleich zur Sache kommen. Romantische Spielereien und tändelnde Zärtlichkeitsbeweise hält er für lästige Verzögerungen. Er will sich genüßlich ins sexuelle Vergnügen hineinsteigern, eine langsame Anlaufzeit ist nichts für diesen Berserker.
Im Eifer des Gefechts schießt der Skorpion-Mann öfter über das Maß des gerade noch Erträglichen hinaus. Macht ihm die Partnerin deswegen Vorwürfe, wird er den Unverständigen spielen, der kein Wässerchen trüben kann. Ein Skorpion-Mann, der zündelte, will's nie gern gewesen sein, wenn daraus ein Schadensfeuer wurde. Das ist aber nicht als Feigheit zu verstehen, sondern eher als mangelndes Kritikverständnis, wenn es die eigene Person betrifft.

Das Jawort bindet bis ans Lebensende

Wenn Sie sich einen Skorpion-Mann staatlich genehmigen ließen, haben Sie sich in das Unvermeidliche zu fügen und ihm zu huldigen. Sie haben mit dem Jawort bestätigt, daß Sie ihm Untertan sein

wollen bis an Ihr seliges Ende. Da gibt es kein Wenn und Aber – pariert muß sein! Ergeben Sie sich in Ihr Schicksal und gewinnen Sie ihm die besten Seiten ab. So schlecht ist er ja gar nicht, wie ihn manche schildern. Er kann so herzlich und nett sein, daß einem die Tränen kommen könnten. Und er ist treu wie Gold. Für ihn könnte das Leben mit Ihnen eine einzige Flitterwoche sein, die für Sie freilich leicht in Dauerstreß ausarten könnte.
Wenn Sie mal wirklich böse auf ihn sind, wird er das kaum verstehen. Er will immer das Beste, und wie wird es ihm ausgelegt? Er wird Sie garantiert ins Unrecht setzen, wenn Sie mal mäkeln. Geben Sie es auf.
Nehmen Sie ihn so, wie er ist – ein liebenswerter Hansdampf, der es nie so meint, wie er es sagt. Lassen Sie ihn selbst darankommen, wenn er Ihnen gegenüber falsch handelte. Und er wird in sich gehen und Ihnen seine Zuneigung rührend beweisen. Denn sein Leben lang bleibt er ein großer Junge, dem man eigentlich nie böse sein kann.

Der Schütze-Mann

Schütze-Männer sind Doppelnaturen, die glauben, am besten zweigleisig fahren zu können. Diese unverbesserlichen Optimisten setzen auf den Erfolg und haben das Glück des Tüchtigen. Kommen sie auf dem einen Gleis nicht recht vorwärts, benutzen sie das andere und erreichen todsicher das gesteckte Ziel.
In der Liebe ist es ähnlich. Ein Schütze-Mann, der nicht zwei Eisen im Feuer hat, hat entweder einen hemmenden Aszendenten oder fand frühzeitig die Frau, die ihm die zweite ersetzt, wobei wir verraten wollen, daß letzteres nur bei einer Minderheit der Fall sein wird.
Der Schütze-Mann ist nicht gern abhängig von jemandem, weshalb er auch kaum eine Frühehe eingeht, es sei denn, er müsse damit eine Kavalierspflicht erfüllen oder könnte in betuchte Kreise einheiraten, die seiner Karriere nützen. Er ist nicht berechnend, aber er weiß, wieviel Geld und Ansehen wert sind.
Viele Schützen sind Junggesellen aus Passion und bleiben es selbst dann noch, wenn sie möglicherweise den Trauring versteckt in der Westentasche tragen. Das hält sie nicht davon ab, das andere Geschlecht zu bewundern, das auf schlanken Beinen durchs Leben trippelt und nur darauf zu warten scheint, von einem Schützen gejagt zu werden.
Keiner versteht wie er, die Frauen zu betören. Hier ist männlicher Esprit gepaart mit Charme, der so hinreißend wirkt, daß man schon versteht, warum sich die Frauen um den Schütze-Mann so reißen und ihm die Wahl schwer gemacht wird.
Als Jupiters Schützling ist er immer auf Abenteuer aus. Er reist sehr gern in ferne Länder, um sich dort genauso nach den Mädchen umzuschauen wie in der Heimat. Matrosen aus dem Schütze-Zeichen haben bekanntlich in jedem Hafen eine Braut, und der sind sie treu, bis das Schiff von der Mole ablegt und dem nächsten Ziel zusteuert.
Man nehme dem Schützen sein großes Herz nicht übel. Es ist nur Entdeckergeist, der ihn zwingt, dem ewigen Rätsel Weib auf die

Spur zu kommen. Überdies ist er nicht gern allein. Man möge ihm auch keinen Vorwurf daraus machen, daß er die Zweisamkeit schätzt, aber die Abwechslung liebt. Wer kann schon gegen seine Natur?
Ein Schütze-Mann probiert und studiert lange, ehe er sich entschließt. Wenn er nicht durch gewisse Tatsachen zu schnellem Handeln gezwungen ist, wird er stets Umwege zum Traualtar machen. Ein Schütze-Mann kann jahrelang mit einer Hübschen zusammenleben und dann eine andere heiraten. Man lege ihm das nicht als Unmoral aus, sondern eher als Entschlußkraft in letzter Minute. Wobei noch gar nicht feststeht, wer von beiden die Glücklichere ist: Die Angetraute mit dem Jupiter-Verschnitt oder die Verlassene, weil sie den Hallodri endlich verlor.

Wie man Jupiters Schützling beikommt

Sollten Sie einen Schützen ins Auge gefaßt haben, denken Sie an die Schlange, die bei ihm ansteht. Ziehen Sie sich schick an, geizen Sie nicht mit Ihren Reizen und gewähren Sie ihm tiefe Einblicke. Zeigen Sie ihm, daß Sie keine dumme Gans sind, die nur auf ein Erlebnis aus ist, aber flirten Sie mit ihm, was das Zeug hält. Er hat eine Antenne für schlaue Frauen, die witzig und schlagfertig sind.
Wenn er auf Sie aufmerksam wurde, haben Sie schon viel erreicht. Lassen Sie sich ruhig von ihm einladen. Er ist großzügig. Aber er wird Ihnen kaum gleich einen Antrag machen. Er schätzt das Unverbindliche. Darum drängen Sie ihn nie, auch dann nicht, wenn Sie längst seine Intimfreundin wurden, die mit ihm die Natur entdeckt.
Viele Freundinnen verloren ihren Schütze-Mann nur darum, weil sie so ungeschickt waren, ihn nach dem Stand ihrer Beziehungen zu fragen. Jupiters Schützling kann da sehr taktlos und sarkastisch antworten. Es ist die Angst, daß er doch wieder die Falsche erwischt haben könnte, die ihn, den sonst so Höflichen, aus der Rolle fallen läßt.
Kluge Frauen fragen ihn nicht nach dem Hochzeitstermin, sondern gleich nach dem Termin für die Kindstaufe. Frauen dieses Ehrenmannes haben oftmals Frühgeburten.

Der Schütze-Mann hat alle Anlagen zu einem guten Ehemann und Familienvater. Er kann sie sogar ausschöpfen, wenn man ihm in der Ehe ein wenig Spielraum für seine Hobbies läßt, ein wenig Bewegungsfreiheit, auch mit anderen Menschen zusammenzukommen. Großzügige Frauen konnten ihn mit der Zeit an den heimischen Herd gewöhnen, weil er keinen Ansatzpunkt fand, ihnen Freiheitsberaubung vorwerfen zu können. Für all sein Tun braucht er nämlich einen plausiblen Grund. Kann der nicht geliefert werden, läßt er bleiben, was er vielleicht vorhatte. Auch da ist der Schütze ein Ehrenmann.
Er sieht Unrecht schnell ein. Seine Toleranz macht vor nichts und niemandem halt. Wenn er in seinem Charakter auch manche Ecken aufweist, bei denen man anstoßen könnte, so ist dessen Grundtendenz doch positiv. Charakterlich schlecht ist ein Schütze-Mann nie, nur lebt er manchmal in schlechten Verhältnissen.

Ein bißchen Sex zum Abgewöhnen

Die landläufige Entschuldigung ertappter Seitenspringer aus dem Schütze-Zeichen ist: »Wer kann schon gegen seine Natur – das bißchen Sex braucht man zum Abgewöhnen!« Oft ist die Entwöhnungszeit recht lang bei ihnen. Dabei sind sie gar nicht die Casanovas mit drei Sternen, für die man sie allgemein hält. Für sie ist die Eroberung eines Objektes oft wichtiger als die letztendliche Schleifung der Festung.
Der Schütze-Mann, so nüchtern er im Berufsleben erscheinen mag, ist ganz privat ein Romantiker, der in Liebe schwelgen möchte. Er ist wie der Held eines Courths-Mahler-Romans, der zweihundert Seiten lang seiner Angebeteten den Hof macht, um mit ihr erst am Schluß des letzten Kapitels zum glücklichen Ende zu kommen. Mit anderen Worten: Dem Schütze-Mann ist ein ausgiebiges Vorspiel wichtiger als der rasante Schlußakt, nach dem man eine Zeitlang sowieso nicht mehr so recht weiter kann.
Schon manche Frau machte sich falsche Hoffnungen, als sie ihren Schütze-Mann zum ersten Male zu sich einlud, um mit ihm ein Techtelmechtel zu beginnen. Das war nicht der stürmische Liebhaber, wie er von den anderen geschildert wurde, sondern ein ganz

normaler Mann, der am erotischen Geplänkel seinen Spaß fand, am witzigen Gespräch über das, was nun kommen würde. Und dann kam lange Zeit gar nichts, weil sich der Schütze immer noch nicht eingestimmt hatte. Als er dann endlich soweit war, ging alles kurz und schmerzlos über die Bühne. Und hinterher tat er so, als sei nichts gewesen. Das klingt nach Langeweile. Aber ist Jupiters Schützling wirklich so?

Wie ihn eine Frau für sich allein gewinnt

Spaß beiseite: Im allgemeinen ist der Schütze-Mann schon aus purer Vernunft monogam. Erstens könnte ausschweifendes Leben seiner Gesundheit schaden, denn Heimlichkeiten kosten mit der Zeit verdammt viel Nerven; und zweitens könnte man beim ständigen Pendelverkehr eines Tages den Zug verpassen, der geradewegs ins große Glück hineinfährt. Im Grund genommen sehnt sich auch der Schütze-Mann nach der schnuckeligen Schönen, die er und die ihn glücklich machen kann.
Wenn Sie Ihren Schütze-Mann für sich allein gewinnen wollen, dann sehen Sie am besten über jene schon erwähnten Ecken in seinem Charakter hinweg und versuchen Sie ihm als Ehefrau auch die Geliebte zu ersetzen. Ziehen Sie sich schick an. Er mag modische Kleidung. Wandern Sie mit ihm über Stock und Stein. Die Natur ist für ihn ein Lebenselixier.

Der Steinbock-Mann

Bei dem Steinbock-Mann ist es in Sex und Liebe wie bei einem guten Wein: Je älter er wird, desto besser wird er. In der Jugend quirlt die Lebensfreude nur zeitweise über, weil dem echten Steinbock-Mann kaum Zeit für ganz private Gefühle bleibt. Wie das alpine Klettertier bemüht er sich ja um den Aufstieg, und der ist mühsam und von mancherlei Hindernissen verstellt, die oft langwierig umgangen werden müssen.

Die Klettertour des Steinbocks endet immer auf dem Gipfel. Von oben kann er die schöne Welt besehen und sich an ihrem Anblick erlaben. Ähnlich ist es mit dem Steinbock-Mann, der sich meist erst spät den erfreulichen Nebensächlichkeiten zuwenden kann, zu denen er Sex und Liebe zählt. Der Weg nach oben braucht seine ganze Konzentration.

Der Steinbock-Mann ist Realist. Er weiß, daß die Götter vor dem Vergnügen den Schweiß gesetzt haben. Und er handelt danach. Er ist nicht unbedingt der schnellste Arbeiter, aber was er tut, das macht er gründlich.

So ist es auch in der Liebe – mit dem einzigen Unterschied, daß er hier weniger Zeit zur Verfügung hat als bei der Arbeit. Trotzdem füllt er sie mit aller Sinnesfreude aus. Oft ist es die erste beste, der er seinen Antrag macht, um nicht mehr weitersuchen zu müssen. Man wird sie sich schon erziehen, und überdies wird sie nicht schlechter sein als jene, die man nach einer gewissen Wartezeit möglicherweise hätte bekommen können.

Für viele Steinbock-Männer sind alle Frauen gleich – geschaffen, dem Mann die Zeit zu vertreiben und zu helfen, daß man zu etwas kommt. Auch im Zwischenmenschlichen sind sie Realisten.

Die Grundtendenz des Steinbock-Mannes einer Frau gegenüber ist vom Mißtrauen geprägt. Er weiß von einigen verheirateten Arbeitskolleginnen, wie flirtbereit sie sind, wie sie den Mann hintergehen, dem sie auf dem Standesamt ihr Jawort gaben. So taktiert er vorsichtig, stets bereit, nicht in die Falle zu tappen, die ihm ein lustbereites Weib stellt.

Glaubt er endlich, die oder keine gefunden zu haben, dann wird er sie mit männlichem Charme umwerben, der bei manchem Steinbock-Mann aber so unterkühlt dargeboten wird, daß die Umworbene fürchten muß, sich Erfrierungen ersten Grades zuzuziehen. Oder seine Werbung war mangels großen Zeitaufwandes so direkt, daß die Schöne erst einmal erschreckt nein sagt. Meint sie vielleicht, wird der Steinbock das Ja erzwingen.
Ein Steinbock-Mann bleibt nie gern allein. Das Junggesellendasein will er unter »Erledigt« ablegen. Ihm ist ein geordnetes Familienleben lieber, in dem er den Ton angeben kann. Und nur darum heiraten einige Steinbock-Männer schon in jungen Jahren, weil sie die gesetzlich genehmigte Ordnung dem »schlamperten« Verhältnis vorziehen, das überdies viel mehr Zeit in Anspruch nimmt.
Der Steinbock-Mann ist durchaus wählerisch, nimmt aber auch mit einer Frau vorlieb, die nicht ganz seinen Idealvorstellungen entspricht, wobei er ins Kalkül zieht, was sie an festen Werten mitbringen könnte. Gegen eine sogenannte Geldheirat hat ein Steinbock nichts einzuwenden, weil sie seinen steilen Weg nach oben ebnen könnte. Voraussetzung wäre: Das betuchte Mädchen müßte ihn schon lieben. Ohne Liebe hat eine Frau keine Chance bei ihm.

So »schießt« man sich einen Steinbock

Die leichteste Art, sich einen Steinbock zu »schießen«, ist die, sich am Arbeitsplatz auf die Lauer zu legen, bis man einen erspäht. Der Steinbock-Mann hat bei allem beruflichen Ehrgeiz Atempausen nötig, in denen er gesprächsbereit ist. Man gehe mit ihm essen und schimpfe mit ihm über den Kantinenfraß. Er wird die Ohren spitzen und die Gesprächspartnerin für eine gute Köchin halten. Schon hat sie den ersten Pluspunkt weg.
Den zweiten Pluspunkt wird sie ergattern, wenn sie sich beim ersten Rendezvous der Preise wegen ein kleines Menü aussucht.
Wenn sie sich danach nicht geniert und ihn zu sich zum Kaffeetrinken einlädt, ist der dritte Pluspunkt fällig. Der Steinbock-Mann mag unkomplizierte Geschöpfe, die sich nicht zieren, zumal er sowieso der veralteten Männeransicht ist, daß jede Frau zu haben ist, wenn man sie nur ein bißchen drängt.

Man lernt ihn auch in Fortbildungsseminaren kennen, in Bibliotheken, in denen er sein Wissen aufpoliert. Im zwanglosen Gespräch über fachliche Fragen kommt man ihm näher und kann auch dort Pluspunkte sammeln, die der Steinbock-Mann auf seinen Testbogen vermerkt. Das alles sieht ein wenig nach Heiratsmarkt aus, bei dem der Mann als Käufer und die Frau als Kaufobjekt fungiert, dem man den Zuschlag gibt. Vielleicht spukt diese antiquierte Methode noch in manchem Steinbockgehirn, zur Ehre der meisten dieser Saturn-Schützlinge sei aber gesagt: Sie sind fortschrittlich genug, die Gleichberechtigung der Frau anzuerkennen und auch im Eheleben zu praktizieren, solange sie das letzte Wort haben.
Frauen, die sich um die Gunst eines Steinbock-Mannes bewerben, müssen sich darauf einstellen, daß er ähnlich wie der Skorpion-Mann die ihm gesetzlich Angetraute als seinen ureigensten Besitz vereinnahmt.

Sex – die selbstverständlichste Sache der Welt

Für den Steinbock-Mann ist Sex die selbstverständlichste Sache der Welt. Was braucht man da prüde zu sein? Er nimmt keiner Frau übel, wenn sie den ersten Schritt wagt, ist sogar dankbar dafür, weil das ihm Zeit erspart. Er ist ein leidenschaftlicher Liebhaber, aber in Sexpraktiken nicht sehr erfinderisch. Obwohl mancher Steinbock-Mann am liebsten ein junges Ding heiratet, weil ihm das am ehesten Unschuld garantiert, tendiert er in Sachen Sex eher zur erfahrenen Frau, die ihm in den intimen Dingen auf die Sprünge helfen kann. Mit der Zeit wird freilich auch die unerfahrene junge Frau lernen, was diesem Mann gefällt, und danach handeln.
Trotz Zeitknappheit mag der Steinbock-Mann nicht die schnelle Tour. Er weiß, daß ein Vorspiel seine etwas unterkühlten Gefühle anheizen kann. Er braucht die rechte äußere Einstimmung, um zum Ziele zu gelangen. Dazu gehören kein greller Scheinwerfer, der den Akt bühnenreif beleuchtet, und auch keine heiße Musik, die den Rhythmus bestimmt. Für ihn ist Schmusi-Time das Zauberwort, mit dem der Tanz beginnt.
Sanftes sinnliches Einspielen erhöht seine Ausdauer, die schließlich jeder Frau den Höhepunkt garantiert. Das mag ein paar Stun-

den Schlaf kosten, aber man ist am anderen Tag zufrieden mit sich selbst und kann fröhlich an die Arbeit gehen. Der sexbetonte Steinbock-Mann will seine Lust befriedigt sehen. Frauen, die sich da zieren und sich ihm gar verwehren, haben bei ihm dazu nur einmal die Möglichkeit.

Mit diesem Mann kann man leben

Der Steinbock-Mann ist – wir sagten es schon – ein treuer Bursche, der seine eheliche Pflicht erfüllt. Mit diesem Menschen kann man leben, aber man wird zeitweise lange auf ihn warten müssen. Nicht nur am Arbeitsplatz, sondern auch im geselligen Leben sucht er Anknüpfungspunkte, Leute, die ihm weiterhelfen können. Daß es sich dabei meistens um Männertreffs handelt, mag die Frau daheim trösten.

Am liebsten erholt sich der echte Steinbock-Mann stets in seinen eigenen vier Wänden. Er ist den Kindern ein strenger, aber gerechter Vater, über dessen Knauserigkeit sie freilich manchmal nörgeln werden, wenn sie sehen, wie großzügig Kinder anderer Väter bedacht werden.

Bei seiner Frau ist er großzügiger, solange er nicht seine stillen Reserven antasten muß, die er zur Sicherheit des Lebensabends braucht. Sie kann daheim schalten und walten, wie sie will. Das Haushaltsgeld wird nach den wirtschaftlich möglichen Höchstsätzen bemessen.

Der Wassermann-Geborene

Es ist der Forschergeist, der den Wassermann-Geborenen in den etwas anrüchigen Ruf bringt, er sei ein forscher Geist, der die Frauen als Freiwild betrachte, das ein Mann jagen müsse. Mit anderen Worten: Das Luftzeichen Wassermann bürgt dafür, daß daraus ein Luftikus entspringt, der – kaum flügge geworden – zum Playboy avanciert.

Und wenn man die Wassermänner bei Bier- und Kegelabenden so reden hört, findet man das eben Gesagte bestätigt: Sie schweigen sich zwar als Kavalier über ihre Freundinnen aus, brüsten sich aber mit ihrer Potenz, daß jeder Zuhörer ahnen mag, mit wem da wo geschlafen wurde.

Es wird viel erzählt. Der Wassermann debattiert gern und hat viel Phantasie. Irgend etwas wird schon wahr sein, wenn er es sagt. Aber möglicherweise verwechselte er den aufgetischten körperlichen mit dem tatsächlich stattgefundenen geistigen Kontakt. Der geistige Kontakt nämlich muß vor allem stimmen, bevor der Wassermann zur Sache kommt.

Ein Playboy ist er nicht, aber er fällt leicht auf Playgirls herein, die wissen, wie man ihn rumkriegt. Sie beginnen zum Beispiel mit ihm ein Gespräch über Gott und die Welt oder – falls sie technisch veranlagt sein sollten – über den neuesten Sechszylinder. Er wird dozieren und erklären und gerät bald so in Feuer, daß es unter dem Tisch in seinen Fingern zu kribbeln beginnt. Für die Frau ist dann das erste strategische Ziel erreicht.

Vieles bleibt beim Wassermann unverbindlich, daran ändert auch die heißeste Nacht nichts, in der man sich liebte. Für ihn ist das alles die natürlichste Sache der Welt, die nicht allzu ernst genommen werden sollte. Man war nett zueinander, man verstand sich, aber letztlich blieb es nur ein Spiel, das man mit jeder anderen Partnerin wiederholen könnte. Oder war es ein Test, bei dem der Wassermann psychologische Studien treiben wollte?

Tatsächlich will der Wassermann das Geheimnis Mensch erforschen. Er analysiert seine Mitmenschen und sucht sie und ihr Handeln zu ergründen. Als Versuchsobjekte kommen ihm die Frauen gelegen, deren Schwäche er zum Testbeispiel erhebt. Mit den Jahren gelangt er zu der Ansicht, daß jedes Mädchen zu haben ist, wenn man nur wollte. Das ist nach seinem Dafürhalten keine schlechte Meinung, sondern eine Tatsache, die sich auf alle Lebewesen in der Natur übertragen läßt und nur durch fadenscheinige menschliche Moralbegriffe verwässert wurde. Diese Denkungsart ist der Motor für vielerlei Abenteuer, die er bei willigen Mädchen findet. Das Gefühl bleibt dabei aus dem Spiel, bis plötzlich eine Jägerin kommt, die ihn gefangen nimmt, bei der die psychologische Studie mit Knalleffekt endet. Vor dem Standesbeamten sieht man sich wieder, und der Wassermann versteht die Welt nicht mehr, weil sie sich für ihn gleich um 180 Grad drehte. Aber auch das kann er aus der Natur heraus begründen: Jedes Lebewesen baut sich ja irgendwann einmal sein Nest.

Er sucht die Kameradin

Der Wassermann steht stets mit seiner Umwelt in Opposition. Aber gerade das macht ihn für Frauen interessant. Hier wird Evas Eroberungswille wach und konzentriert sich darauf, den Wassermann bei allen anderen möglichen Kandidatinnen auszustechen.

Der Wassermann wird nie den ersten Schritt tun. Er zögert lange, auch wenn er verliebt ist. Man muß ihm schon handfeste Beweise bringen, warum für ihn eine feste Bindung nützlich sein könnte. Eine Frau, mit der er durch dick und dünn gehen könnte, überzeugt ihn am ehesten. Es ist die gute Kameradin, die er sucht und mit der er in der Ehe Antiautorität auf Gegenseitigkeit pflegen kann. Die kommt dann auch den gemeinsamen Kindern zugute.

Freiheit ist des Wassermanns oberstes Gebot, aber er kann sich an alles gewöhnen, das diese Freiheit nicht einschränkt. Wenn es darauf ankommt steht er in Opposition zu sich selbst. Dann wird er sogar seine ehemaligen Versuchsobjekte vergessen und sich auf die momentane Idealfrau konzentrieren und die 99 anderen Ideale einfach über Bord werfen.

Aber diese Idealfrau muß ihn schon zu fesseln wissen. Da darf der Gesprächsstoff in der Ehe nie ausgehen. Sie sollte ihm nur nie zu

diesem oder jenem raten. Er wird Interesse heucheln und dann gerade das Gegenteil davon tun. Der Wassermann ist ein Widerspruch in sich. Kluge Frauen behandeln ihn wie ein trotziges Kind, dem man nur dadurch beikommt, indem man ihm eine gegensätzliche Meinung suggeriert, die dann der Trotzkopf in die einzig richtige umdreht.
Ganz so leicht ist es nicht, dem alten Revolutionär aus dem Wassermann-Zeichen beizukommen, aber die Richtung, die hier angedeutet wurde, stimmt. Man kann die Durchführung je nach Bildungsstand verfeinern oder vergröbern, irgendwie wird der Wassermann schon auf den Leim kriechen. Und dann hat man ihn in der Tasche, und er lugt selbstgefällig daraus hervor und pfeift fröhlich vor sich hin: »Freiheit, die ich meine ...« Da sollte einer noch sagen, ein Wassermann sei nicht zu zähmen!

Bettgeflüster mit dem Menschenfreund

Und auch das ganz intime Beisammensein mit ihm wird nie in Langeweile ausarten. Sex – das deuteten wir hier schon an – gilt für den Wassermann als Naturereignis. Die Frau ist dabei zwar das Versuchsobjekt, aber auch der gleichberechtigte Partner. Denn der Wassermann ist nun mal ein Menschenfreund, der die Belange des anderen sehr wohl berücksichtigt und nicht wie ein Wilder nimmt, was sich im bietet. In seinem Charakter ist nichts von dreister Art. Er liebt es sogar, wenn die Frau den Anfang macht, die Verführerin spielt, deren Wünschen er sich willig unterordnen kann. Der Wassermann liebt zum Vorspiel geistreiche Gespräche, die sich noch als Bettgeflüster fortsetzen lassen. Wo die Verführungskunst der Partnerin aufhört, setzt seine Phantasie ein. Er betrachtet das Bett als eine Spielwiese, auf der man herumtollen kann. Hat er an dem einen Spiel die Lust verloren, wird er ein neues beginnen. Die Frau, die Variantenreichtum liebt, wird bestimmt auf ihre Kosten kommen.
Der Wassermann hat genügend Ausdauer, um das intime Spiel in die Länge zu ziehen, aber er kann es auch abrupt abbrechen und seine Partnerin unbefriedigt zurücklassen, nur um ihr zu zeigen, daß es auch anders geht. Woraus man ersehen kann, daß ein ech-

ter Wassermann auch noch auf weichem Polster opponieren kann. Aber im allgemeinen wird er schon aus egoistischen Gründen vollenden, was Ziel einer sexuellen Auseinandersetzung ist. Er will sich als Mann bestätigt sehen. Als Praktiker ist er bei der Sache, Gefühl tut er als Theorie ab. Wenn er liebt, kommt es kaum zur seelischen Übereinstimmung.

Das Ehejoch wird er nicht tragen

Heiratswütige Frauen werden auch dieses Musterexemplar eines freiheitsbewußten, toleranten Mannes eines Tages einfangen. Aber sie sollten ihn nie unter das Ehejoch zwingen, sondern ihm soviel Freiheit lassen wie nur irgend möglich. Er wird dann garantiert ins andere Extrem springen und den braven Ehemann spielen. Der Wassermann braucht die raffinierte Frau, die sich im Ausbalancieren von Gegensätzen auskennt.
Man spreche mit ihm nie über Liebe. Das ist ein imaginärer Begriff, der in seinem Wortschatz nicht vorkommt. Man erweise sie ihm durch die Tat – dann läßt er sie gelten. Der Wassermann-Geborene ist kein Süßholzraspler, er nimmt das Leben eher von der nüchternen Seite, was ihn nicht daran hindert, in blauen Stunden verliebte Torheiten zu flüstern.

Der Fische-Mann

Das ist er also – der Mann, der kein Wässerchen trüben kann und mit seiner zuvorkommenden Freundlichkeit die Umwelt beglückt. Dem Fische-Mann kann niemand böse sein. Er hat hohe Ideale und den festen Willen, nie und nimmer anzuecken. Er ist ein fröhlicher, etwas nach innen gekehrter Mensch, der dem Gemeinwohl dient, auch wenn er selbst davon den geringsten Nutzen hätte. Er ist der Typ des Mannes, der sich vor den Spiegel stellt und Reden schwingt, die er in aller Öffentlichkeit nie halten würde, weil sie jemanden verletzen könnten.

Der Fische-Mann ist grundanständig. Die Ellenbogen benutzt er nur, um sie auf den Tisch zu stützen, damit der Kopf einen Halt hat, wenn er vor sich hinträumt und in Gedanken Schlösser baut, in denen er glücklich und zufrieden und von jedermann geachtet in den Tag hineinleben kann.

Aber da ist die rauhe Wirklichkeit, der Lebenskampf, in der die Konkurrenz das Geschäft belebt. Am liebsten möchte der Fische-Mann demgegenüber die Augen verschließen und weiterträumen, wenn er nicht am eigenen Leibe verspüren würde, wie ekelhaft Mitmenschen sein können. Und so gibt er sich einen Ruck und schwimmt mit im Strom der Zeit oder auch mal dagegen (nicht umsonst zeigt ja sein Wappen zwei Fische, die in entgegengesetzter Richtung streben!). Aber er erhält sich allen Widerwärtigkeiten zum Trotz seine Ideale.

Dieser romantische Träumer sucht auch die Idealfrau, mit der er glücklich werden könnte. Oft findet er sie auf den ersten Blick, aber er nimmt sie auch aus zweiter Hand. Ein bißchen von seiner Mutter müßte sie haben, zu der er ein inniges Verhältnis pflegt, ein bißchen aber auch von der Kinoschönen, deren Fan er ist.

Lebenskünstler, der er ist, malt er sie sich aus in bunten Farben und gerät schließlich an eine, die dem Urtyp widerspricht. Auch gegen sich selbst schwimmt er manchmal gegen den Strom.

Der Fische-Mann ist im Privaten nicht sehr entschlußfreudig, da muß allmählich wachsen, was zur festen Verbindung geknüpft

wird. Er zögert lange, ehe er den Antrag stellt. Und dann ist er sich immer noch nicht ganz sicher, ob das, was er hat, auch ganz bestimmt das Richtige ist. Mit anderen Worten, er macht sich selbst oft das Leben schwer, statt es ganz einfach zu genießen.
Schon mancher Fisch, den eine Schöne an der Angel glaubte, verschmähte den Wurm und schwamm davon - einem Netz entgegen, das eine andere Feinschmeckerin auswarf, um das Prachtexemplar zu fangen. Aber wenn der Fisch darin zappelt, wird er das Loch suchen, um daraus zu entwischen. Gibt's für ihn schließlich kein Entrinnen, wird er in der Gefangenschaft vom klaren Quell der Freiheit träumen oder auch von dem Tümpel, in dem ihn keine erwischt.

Wie man ihn ins Netz bekommt

Zum schnellen Entschluß fehlt dem Fische-Mann oft der Mut. Klug beraten sind die Frauen, die beizeiten nachhelfen, die ihm auch mal die Meinung sagen, wenn er zu spinnen anfängt. Er liebt die Wahrheit über alles und akzeptiert sie auch, wenn er dabei den kürzeren zieht.
Die Frau, die ihn ins Netz bekommen will, muß Geduld haben. Sie sollte seine Seele massieren und ab und zu mit ihm träumen, aber im rechten Moment auf des Lebens Wirklichkeit umschalten.
Auffallend viele Fische-Männer heiraten energische Frauen, die das Dasein zu meistern verstehen, die Erfahrung genug besitzen, das Fischlein aus dem Strudel zu ziehen, in den es sich schier rettungslos verfing. Oft ist es auch die ältere Frau, bei der er mütterlichen Halt sucht.
Der Fische-Mann ist kein Mitgiftjäger. Aber er hat nichts dagegen, wenn seine Frau etwas Vermögen in die Ehe mitbringt, mit dem man einige bescheidene Träume finanzieren könnte - ein eigenes Heim etwa mit vielen Kuschelecken und einem ganz privaten Raum, in dem sich der Hausherr von Zeit zu Zeit von der Zweisamkeit und ihren Strapazen erholen kann. Er hat auch nichts dagegen, wenn seine Frau in der Ehe noch ein wenig zur Familienkasse beisteuert, träumt aber immer von dem Supergewinn, der ihm ermöglicht, allein für sie und die Kinder zu sorgen. Denn im Grun-

de seiner Seele ist der Fische-Mann der heute recht altmodischen Meinung, daß die Frau an den Herd gehört und die Kinder eine Mutter brauchen, die ständig für sie da ist. Woraus man erkennen mag, daß aus ihm ein vorzüglicher Familienvater werden könnte, wenn die Verhältnisse anders gelagert wären.
Jeder Fische-Mann hat die feste Absicht, seiner Frau den Himmel auf Erden zu bereiten. Allein das Fleisch ist schwach und die Versuchung groß. Es gibt genügend Mädchen, die im trüben fischen. Und außerdem kann der Fische-Mann gar nicht anders, als dem Mitmenschen zu Gefallen zu sein. Man möge ihn verstehen: Er bleibt ja seiner Frau treu, auch wenn er mal eine andere streichelt. Sein Herz ist groß, es hat für mehrere Platz. Wer da von Doppelmoral spricht und eifersüchtig wird, den wird er nicht verstehen.

Seine erotischen Träume

Wollen Sie die Frau seiner erotischen Träume werden, dann müssen Sie bereit sein, wenn ihn die Leidenschaft packt. Er ist kein Sexprotz, aber auch kein Anfänger, der mit wenigem zufriedenzustellen ist. Er verlangt zwar nur von seiner Partnerin soviel, als er selbst zu leisten imstande ist, aber das ist oft mehr, als sie vertragen kann.
Ein Fische-Mann entwickelt in den blauen Stunden seines Lebens viel Phantasie, von der eigentlich Frauen nur träumen können. Er ist mit Genuß bei der Sache und will, daß auch seine Partnerin zufrieden ist.
Fische-Männer sind hervorragende Liebhaber, aber sie lieben die Abwechslung. Bei ihnen geht Probieren über Studieren. Eintönigkeit kann sie vergraulen.
Der Fische-Geborene ist durchaus nicht der Mann, der im Bett das Sagen haben möchte. Er nimmt Anregungen der Partnerin gern entgegen und setzt sie genüßlich um. Er fragt auch nicht weiter, woher sie dieses oder jenes haben mag, wenn es ihm Spaß macht. Eifersucht kennt er nicht, schon gar nicht auf verflossene Freunde seiner Liebsten.
Obwohl er sonst sehr empfindlich auf sogenannte Unanständigkeiten reagiert, läßt er sie im Sexspiel gelten, wenn sie sein Lustgefühl

und das seiner Partnerin zu steigern vermögen. Die bürgerliche Moral macht bei ihm vor der Bettkante halt.

Er wird Ihren Kummer teilen

Der Fische-Mann wird jede Frau glücklich machen, solange sie seiner sicher ist. Er ist rührend besorgt um sie und wird ihren Kummer teilen. Sein Mitgefühl kennt keine Grenzen. Er ist so empfindsam, daß ihn Tränen aus der Fassung bringen können. Sie sind die Waffe der Frau, die sich seiner nicht ganz sicher ist.
Um sich auch im Berufsleben günstig entwickeln zu können, braucht der Fische-Mann mehr als andere eine harmonische Umwelt. Man bringe ihm auch dann noch Verständnis entgegen, wenn er mal üble Laune hat, weil ihm irgend etwas wider den Strich lief. Und man habe viel Geduld mit ihm. Ein echter Fische-Mann spricht kaum von dem, was er draußen in der für ihn oft so feindlichen Welt erlebte. Er wird sehr wortkarg, wenn es um die Realität der eigenen Person geht. Dafür wird er um so mehr in seinen Träumen von Taten schwelgen, die er begehen will. Es liegt an der Frau seines Herzens, ihm immer wieder Mut zu machen. Und plötzlich wird mancher Traum Wirklichkeit, und der Fische-Mann strahlt überglücklich.

Der Partner vom anderen Stern

Wir sagten es schon im Eingangskapitel zu diesem Buch: Es gibt – astrologisch gesehen – keine »unmöglichen Verbindungen« zwischen zwei Menschen, die es miteinander versuchen wollen. Es gibt nur »unmögliche« Partner, die wider bessere Einsicht handeln, Menschen, die Schwächen anderer hochspielen, um ihre eigenen, möglicherweise viel größeren Schwächen zu überdecken.

Außerdem hat jeder nicht nur das eine Tierkreiszeichen, in das er geboren wurde, sondern ein zweites, seinen Aszendenten, der in der Stunde der Geburt am östlichen Himmel gerade aufging. Waage und Widder zum Beispiel stehen in Opposition zueinander, aber vielleicht hat der Waage-Partner den Aszendenten Löwe, der in günstiger Stellung zum Widder steht, und der Widder einen Wassermann-Aszendenten, der sich mit der Waage ausgezeichnet verträgt. Überdies sagt der Volksmund, Gegensätze würden sich anziehen, wodurch in jedem Fall eine Verständigung mit dem Partner vom anderen Stern möglich wäre, auch wenn die astrologische Erfahrung im allgemeinen dagegensprechen würde.

Außerdem ist jeder Mensch das Produkt seiner Erziehung. Er hat Vorbilder, denen er nacheifern möchte – die Eltern, Geschwister, gute Freunde, die noch immer die besten Ratgeber waren. Auch diese Komponente wird astrologisch ins Kalkül gezogen, wenn es darum geht, ob zwei Menschen, die sich lieben lernten, zusammenpassen oder nicht. Sie sollten das berücksichtigen, wenn Sie auf den nächsten Seiten Wissenswertes über Ihren Partner lesen, und darauf vertrauen, daß Sie auch dann richtig gewählt haben könnten, wenn vielleicht etwas Negatives über das astrologische Verhältnis zueinander ausgesagt wird.

Dieses Schlußkapitel unseres Liebeshoroskops kann nur Zeichen setzen, die man verstehen lernen sollte, um sich auf den Partner vom anderen Stern richtig einstellen und mögliche Unebenheiten in den beiderseitigen Charakteren ausgleichen zu können. Dazu gehört eine Portion Mut und ein psychologisches Einfühlungsvermögen auch in astrologische Gegebenheiten. Es gibt eben Menschen, die danach gar nicht zusammenpassen würden und doch ein Leben lang glücklich miteinander sind, und andere, die den astrologischen Prognosen nach wie Traumpaare erscheinen, bei denen es aber schließlich ein böses Erwachen gibt.

Wer den Widder rumkriegt

Widder-Menschen tun wie die reinsten Unschuldsengel, wenn sie von ihren Partnern als Tyrannen bezeichnet werden. Sie wollen mit dem Kopf durch die Wand und vor allem in Liebe und Sex bestimmen, wo es lang gehen soll. Natürlich haben sie ihre Lieblinge unter dem Sternenzelt.

Da wäre zunächst der Löwe-Mensch, der wie der Widder herrschen will, aber sich auch gern mal den Wünschen des Herzenspartners unterordnen wird, wenn der nicht nur im Zusammenleben imponierende Leistungen vollbringt. Überdies setzt der Löwe-Typ seinem Widder gerade in Sex und Liebe den Widerstand entgegen, den der Widder-Typ braucht, um auf diesem Gebiet Höchstleistungen zu vollbringen.

Mit dem Schützen verbindet den Widder oft die geistige Übereinstimmung, die man sogar mit ins Bett nimmt, wo man so ganz nebenbei seiner steten Sexlust frönen kann. Und das könnte den Schützen vergessen machen, daß es draußen in freier Wildbahn noch anderes zu erjagen gäbe.

Unter Widdern wird man sich im Kampf der Geschlechter zusammenraufen und am Ende glücklich miteinander sein. Kämpferisch ist auch der Skorpion, mit dem sich der Widder ruhig mal streiten sollte, um zu bemerken, wie heiß es anschließend bei der Versöhnung zugeht.

Gescheite Debatten gibt es mit dem redseligen Zwillinge-Typ, der durch das Leben des Widders irrlichtert und ihn nie ganz im klaren läßt, was die Stunde geschlagen hat. Gerade das aber zieht den Heißblütigen an.

Mit viel Gefühl sollte der Widder bei Fische- oder Krebs-Menschen zur Sache kommen. Freilich könnte hier ein einziges hartes Wort, vom Widder lässig ausgesprochen, die Atmosphäre stören. Recht

unterhaltsam dagegen wird eine Verbindung mit dem Wassermann, den der Widder scheinbar um den Finger wickeln kann, bis er bemerkt, daß der Freiheitsdrang des Wassermanns stärker ist.
Die Waage steht in Opposition zum Widder. Aber gerade das könnte zwei so gegensätzliche Typen anziehen. Der Waage-Mensch wird, wenn's hart hergehen sollte, scheinbar immer den untersten Weg gehen. Auf die Dauer zieht für den Widder bei solch unkämpferischer Haltung die Langeweile ins Haus und tötet die Liebe.
Der Stier-Mensch möchte den Widder gern an langer Leine zügeln, der Jungfrau-Typ ist ihm oft zu pingelig, und der Steinbock will zu sehr den eigenen Kopf durchsetzen. Auch bei diesen drei Typen kommt es auf den Widder an, ob er sich anpassen kann.

Jeder kann den Stier-Typ lieben

Es liegt beim Stier-Menschen eigentlich nur am Partner, wenn er ganz privat mal Schiffbruch erleidet. Als Venus-Schützling kann er jeden lieben, auch wenn der in einem konträren Zeichen geboren wäre. Ist es zuviel verlangt, daß er sich nur ein bißchen Anpassung von seinem Herzenspartner wünscht?
Bei Jungfrau oder Steinbock könnte er am ehesten das Glück seines Lebens machen. Beide haben Sinn für Sparsamkeit und Geldanlage. Die bedächtige, dann aber um so hitzigere Art des Stiers kommt den beiden Langsamstartern in Liebe und Sex überdies sehr entgegen. Unter Stieren wäre die Sachlage ähnlich, wenn nicht der immense Eigensinn der Venus-Typen oft zunichte machte, was sich himmelhochjauchzend anbahnte.
Sexbetont ist die Verbindung mit dem Schützen, der freilich auch außer Haus Anregungen sucht, die dem mehr häuslichen Stier kaum passen werden. Im heiteren Lebensgenuß werden die beiden aber zu trauter Zweisamkeit finden. Etwas ruhiger geht es bei Waage und Stier zu. Hier funkt es auf gleicher erotischer Wellenlänge. Der Stier braucht aber jemanden, vor dem er seine Probleme in lyrischer Breite darlegen kann. Da müßte die Waage erst das Zuhören lernen ...
Letzteres kann der Krebs-Mensch, er sich so gern in seine eigene Schale zurückzieht. Braust dann der Stier-Typ auf, erntet er Unver-

ständnis. Die Verbindung ist aber haltbar, weil sich bei allem Gegensätzlichen viel Gefühl beimischt, das auch beim Fische-Mensch eine Hauptrolle spielt. Der zaubert sich leider nur zu oft eine Phantasiewelt, in der sich der nüchterner denkende Stier kaum zurechtfinden wird, weshalb er dem Traumvögelchen oft zu früh die Federn stutzen möchte. Ginge er behutsamer vor, hätte er vielleicht den besten Menschen an seiner Seite.
Sexuell kommt der Stier-Mensch mit den Typen aus Widder, Löwe und Skorpion gut zurecht, die aber allesamt den kleinen Fehler haben, daß sie sich gern über anderer Leute Meinung hinwegsetzen. Beim Stier geraten sie da wohl an den Falschen. Er wird sie umerziehen wollen ...
Es ist die geistige Beweglichkeit des Zwillinge-Menschen, die den Stier begeistert. Aber dieser Typ ist ihm oft zu direkt – ein flatterhaftes Wesen, dem man beizeiten die Flügel stutzen müßte. Der Wassermann dagegen wäre vielleicht der einzig Richtige. Leider bricht er vor lauter Freiheitsdrang gern mal aus einer festen Beziehung aus, was der doch etwas eifersüchtige Stier nicht toleriert.

Die Bestseller der Zwillinge

Auf ihrer ganz privaten Bestseller-Liste haben Zwillinge-Geborene die Waage- und Wassermann-Menschen als Traumpartner verzeichnet. Mit dem Waage-Typen kann man sich wegen seines im allgemeinen freundlichen Wesens überall sehen lassen. Außerdem ist er tolerant und nachgiebig, so daß selbst dann der große Krach ausbleibt, wenn der Zwilling mit anderen genußvoll flirtet. Der Wassermann gönnt jedem seinen Freiraum, verlangt als Gegengabe aber auch dasselbe für sich. In seiner Verbindung mit dem Zwillinge-Menschen wird viel gelacht und nichts krumm genommen. Gelegentliche Streitigkeiten bringen lediglich Farbe in den Alltag.
Von vornherein gefährdet erscheinen Ehen unter Zwillingen, wenn sie zu jung den Bund fürs Leben schlossen. Sonst geht's meist sehr lustig zu, auch wenn manchmal das Geschirr zu fliegenden Untertassen umfunktioniert wird. Am Ende aber beweisen die meisten Zwillinge, wenn sie unter sich sind, bis ins hohe Alter hinein, daß sich liebt, was sich neckt.

Für den Widder war der Zwilling vielleicht die Liebe auf den ersten Blick. Sobald sich der Mars-Typ an die launige Art des Merkurjüngers gewöhnt hat, findet er das Zusammenleben amüsant. Nur seine Lust an allzu deftigem Sex sollte der Widder etwas dämpfen. Letzteres gilt auch für den Skorpion, dessen sprichwörtliche Eifersucht dem stets flirtbereiten Zwilling jedoch arg zu schaffen macht. Löwe-Menschen sind die besten, wenn man ihnen zu Füßen liegt. Ein Zwilling macht das auch eine Zeitlang aus Spaß an der Freude mit, bis ihm die Lage da unten etwas unbequem wird. Kameradschaft ist das Zauberwort, das diese Verbindung haltbar macht.
Mit dem Fische-Typ baut der Zwilling Traumschlösser, die sogar Wirklichkeit werden können, wenn der Fisch seine Glückssträhne unterm Jupiter hat. Hier wird wie in einer Krebs-Zwillinge-Beziehung Gefühl ganz groß geschrieben. Wenn in dieser der Zwillinge-Mensch ausflippen will, ist es meistens zu spät: Der Krebs hat ihn längst umerzogen ...
Stier-, Jungfrau- und Steinbock-Menschen geben dem Zwilling einen gewissen Halt. Doch erscheint eine Ehe unter diesen Zeichen erst dann krisenfest zu sein, wenn sich der Zwilling zuvor bei anderen die Hörner abgestoßen hat.
Bliebe noch der Schütze, der wie der Merkur-Schützling zu jedem Spaß aufgelegt ist und mindestens ebenso gut flirten kann wie er. Man ist sich immer einig – auch wenn es dann schließlich ums Auseinandergehen geht.

Liebesspiele mit dem Krebs

Der Krebs-Mensch will alles mit Gefühl. Man kann mit ihm in langen Flitterwochen heißen Liebesspielen frönen, aber man sollte ihn nie verletzten. Er weiß selbst, daß es nicht leicht ist, mit ihm, dem so Empfindsamen, zusammenzuleben.
Am ehesten werden sich der Fische-Typ oder ein Partner aus dem eigenen Tierkreiszeichen mit ihm verständigen. Beide gehen mit demselben überschwenglichen Gefühl zur Sache, sind zärtlich und wissen genau, daß gegenseitige Rücksichtnahme das Mittel ist, um psychische Störungen und hochherrschaftliche Launen auf ein Abstellgleis zu fahren.

Beim Skorpion vergißt der Krebs seine Stimmungen, weil er ständig auf Trab gehalten wird und vor lauter Liebe sogar den Alleinvertretungsanspruch des Skorpions, wenn auch vielleicht zähneknirschend, anerkennt und mit ihm eine Lebenskampf-Gemeinschaft bildet.
Gepflegte Häuslichkeit herrscht bei Steinbock und Krebs. Aber manches läuft da aneinander vorbei, und die Liebe leidet zeitweise an Unterkühlung, weil beide Teile allzusehr in ihrem Beruf aufgehen. Besser hat es der Krebs da bei Stier und Jungfrau – in jedem Fall Verhältnisse, auf denen man nebenbei Häuser bauen und Wohlstand pflegen kann.
Die Freude am Spiel verbindet den Krebs mit Zwillinge- oder Waage-Typen. Leider leben jedoch diese beiden zu sehr nach außen und achten kaum auf die leicht verletzliche Psyche des Partners. Bei der Waage macht das Streben nach Harmonie meist alles wieder wett, während es bei Zwilling und Krebs eher mal zu heftigen Zusammenstößen kommen kann, bevor sich die Liebeswogen wieder glätten.
Bei Wassermann und Krebs wären getrennte Schlafzimmer zu empfehlen, weil zwischen beiden die Liebe um so heißer wird, wenn man sich mal eine Weile nicht sieht. So fühlt sich der Wassermann freier, und der Krebs kann sich in seiner harten Schale öfter mal auf sich selbst besinnen.
Löwe-, Widder- und Schütze-Menschen verlangen meist zuviel von einem Krebs-Partner, den die ersten beiden völlig beherrschen wollen, während der Schütze aus den häuslichen vier Wänden heraus auch einmal in ein freies Jagdrevier ausbrechen möchte. Aber das Erstaunliche ist, daß der Krebs alle drei Tierkreis-Typen, wenn der Honigmond nur eine längere Zeit anhält, ganz allmählich und mit viel Gefühl auf seinen häuslichen Stil einschwören wird. Gelingt das nicht, trennt man sich möglicherweise wieder, bleibt aber trotzdem ein Leben lang gut Freund miteinander.

Das Glück an der Seite des Löwen

Zwar mag der Löwe, wenn er verliebt ist, singen: »Du bist meine Sonne!«, aber für ihn gibt's dann immer noch etwas Strahlenderes, und das ist er selbst. Man sollte sich dem edelsten von allen entsprechend unterwürfig nähern und ihm zu Füßen liegen. Der Löwe dankt's mit Liebe.

Ausgerechnet so starke Typen wie Widder und Schütze zählt der Schützling der Sonne zu seinen Favoriten. Er mag die beherzte Art des Widders, der nicht gern klein beigibt. Beide sind in einem Feuerzeichen geboren und ziehen sich unwiderstehlich an. Wenn es ihnen gelingt, die Magnetfelder deckungsgleich zu bringen, haben sie gewonnenes Spiel.

Seelische Übereinstimmung herrscht zwischen Löwe und Schütze. Beide gehen gern aus, wandern mit Vorliebe in Gottes freier Natur. Und da sie auch Abenteuer gemeinsam durchstehen wollen, hält die Verbindung ein Leben lang, was in einem Verhältnis des Löwen mit dem Waage-Menschen noch lange nicht gesagt ist. Bei der lebensfrohen, aber sensiblen Waage ist der Löwe zwar der Stärkere, mit der Zeit jedoch muckt der Venus-Schützling auf und will mal eigene Wege gehen.

Unter Löwen achtet man sich sehr. Unter dem Motto »Gleich und gleich gesellt sich gern« stürzt man sich ins gesellschaftliche Leben und genießt die Zuneigung der beiderseitigen Freunde. Im Kampf der Geschlechter obsiegt mal der eine, mal der andere. Da schleift sich manches ab, möglicherweise wird aber dabei die Decke mit der Zeit etwas dünn.

Mit Zwillinge- und Skorpion-Typen verständigt sich der Löwe gern. Am Zwilling schätzt er die geistige Beweglichkeit, am Skorpion das heiße Temperament. Wenn beide von Zeit zu Zeit zu ihrem Löwen aufschauen könnten, müßte auch in diesen Verbindungen der Honigmond lange dauern. Nicht ganz so gut kommt der Löwe mit Krebs- und Fische-Menschen zurecht, auch wenn vom Gefühl her alles stimmen wird. Das kommt in einer Wassermann-Löwe-Verbindung manchmal zu kurz. Hier gerät der Löwe an seinen Antipoden, der ihm Zunder gibt, wenn er sich gar zu sehr über alles erhaben fühlt.

Bei Steinbock und Stier lernt der Löwe das Geldzählen, was ihn in Abhängigkeit bringen könnte. Die etwas unterkühlte Art des Steinbocks taut er auf, mit dem Stier feiert er fröhliche Feste, wenn man gut bei Kasse ist. Selbst bei der meist etwas zurückhaltenden Jungfrau steht der Löwe hoch im Kurs. Sie wird wunschgemäß zu ihm aufblicken, aber das kleinste Stäubchen an ihm entdecken. Und das mag der Löwe nicht.

Warum nicht eine Jungfrau lieben?

Jungfrau-Menschen, sagt man, seien oft Materialisten, in den zwischenmenschliche Beziehungen oft ein wenig zu kühl. Das Bild wird geradegerückt durch viele brave Eheleute aus dem Merkur-Zeichen. Die Jungfrau tendiert meist zu einer späten Bindung, weil sie auch den zu kritisch seziert, den sie liebt. Wenn sie aber einmal ja gesagt hat, bleibt sie treu, wobei oft die Vernunft mitspielt, weil Scheidungen teuer kommen.

Wie Stier und Steinbock ist die Jungfrau erdverbunden. Mit diesen beiden kann sie sich am besten verständigen, die wie sie materielles Gespür haben. Der Stier heizt die Jungfrau ganz schön an, während der Steinbock eher ihrem Wunsche nach sexueller Mäßigung entgegenkommt.

Jungfrauen unter sich haben ein unterhaltsames Verhältnis; das tägliche Florettgefecht des kleinen Stichelns hält sie in Schwung. Etwas Pfeffer mischt der Skorpion seiner Jungfrau bei, die oft nicht zum Atmen kommt, zumal er auch im Schlafzimmer allerhand von ihr verlangt.

Mit dem Krebs verbindet sie das Sicherheitsdenken, doch reiben sich hier leider oft tiefes Gefühl und kritischer Verstand aneinander. Das kann bei einer Zwillinge-Jungfrau-Verbindung zu Explosionen führen. Die beiderseitige Intelligenz sorgt für häufigen Waffenstillstand, nur könnte sich bei solchen »Wechselbädern« die Liebe abnutzen.

Auch der Wassermann kann verstandesmäßig mit der Jungfrau konkurrieren. Zusätzlich wird er ihr das Rückgrat stärken, und sie ihm die Flausen von der absoluten Freiheit des Individuums vertreiben. Der Widder ist ihr vielleicht etwas zu heftig, mit der Zeit wird jedoch selbst ein so ungleiches Gespann am gleichen Strang ziehen.

Der herrisch-herrliche Löwe und die charmant-sensible Waage machen aus der Jungfrau einen anderen Menschen, wenn sie lange genug mit ihm zusammenleben und sich die Jungfrau das

»Umfunktionieren« gefallen läßt. Locker leicht erobert sie der Schütze, der wie sie - freilich aus ganz anderen Gründen - Bedenken gegen eine feste Bindung hat. Springen die beiden über ihren Schatten, kann es durchaus zu einem glücklichen Verhältnis kommen, auch wenn es nicht staatlich sanktioniert ist. Die Jungfrau darf des Schützen Freiraum nur nicht zu sehr einengen.
Warum sollte nicht auch der Fische-Mensch eine Jungfrau lieben, obwohl er astrologisch in Opposition zu ihr steht? Vielleicht sieht er seine Traumwelt von allzu nüchternem Denken des Partners in Frage gestellt. Die Fürsorge der Jungfrau entschädigt jedoch dafür.

Ohne Harmonie geht bei der Waage nichts

Ohne Liebe welkt der Waage-Mensch dahin. Ohne Harmonie gibt es unter dem Venus-Zeichen kein Auskommen in der Partnerschaft. Da wird gestreichelt und geschmeichelt und immer schön an der Oberfläche gelebt. Wem das zu langweilig ist, der erzieht die Waage um, die sich solch rückgratstärkende Maßnahme sogar bis zu einem gewissen Punkt gefallen läßt.
Um es gleich vorwegzunehmen: Ein Waage-Mensch kann auch in »unmöglichen« Verbindungen - etwa mit Steinbock oder Jungfrau - glücklich werden. An seiner Seite lernen die sonst etwas Kühlen das Leben genießen, und er kann von ihnen erfahren, wie man dabei das Geld einteilt.
Freilich wäre ihm der quicklebendige Zwillinge-Typ lieber, weil er ihn mit witzigen Einfällen erheitert, und man sich nebenbei gegenseitig zu Taten anheizt, die den großzügigen Lebensstil der beiden finanzieren können. Ideal ist die Waage-Verbindung mit dem Wassermann. Lediglich Kleinigkeiten könnten den siebten Himmel mal zeitweilig verdunkeln, wobei die Eigenwilligkeit des Wassermanns dem Harmoniestreben der Waage arg zusetzen wird.
Da sich die Waage auch mit fremden Lorbeeren schmückt, fängt sie sich gern einen Löwen ein, dem sie solange das Köpfchen krault, bis er zu schnurren beginnt. In der ersten Zeit der jungen Liebe läßt sich's der Löwe gefallen, aber dann hebt er zu fauchen an, und die Waage sorgt für friedliche Koexistenz, indem sie immer wieder nachgibt.

In den Schützen war die Waage gleich verliebt. Hier dauert die Garantiezeit bis ins verflixte siebte Jahr. Danach könnte manches auseinanderdriften wie bei den Sternengeschwistern unter der Waage. Liebe und Harmoniestreben allein kitten eben kein Verhältnis bis in alle Ewigkeit.
Im intimen Bereich stimmt zwischen Widder und Waage alles, obwohl die Tierkreiszeichen in Opposition zueinander stehen. Diplomatisch wird die Waage immer wieder auf die härtere Gangart des Widders reagieren und ihn dabei allmählich auf die eigene Wellenlänge zu schalten versuchen.
Mit dem Stier hat die Waage die Venus gemeinsam, und das heißt Liebe und nochmals Liebe, die nur von allzuviel Eigensinn gestört wird. Der Skorpion nimmt die Waage in Besitz, was sich diese nur eine Zeitlang gefallen läßt, wobei beiderseitig Kleinholz geschnitzt wird.
Mit Krebs- und Fische-Menschen verbindet die Waage viel Gefühl. Bei ihnen kann sie häuslich werden. Leider sind die beiden aber oft nicht durchsetzungskräftig genug, um der Waage das Rückgrat zu stärken.

Mit dem Skorpion auf dem Pulverfaß

Hochzeit machen mit dem Skorpion-Menschen – auch das ist wunderschön. Was danach kommt, ist die ständige Bereitschaft, auf dem Pulverfaß zu sitzen und zu warten, bis es hochgeht.
Unter Skorpionen wird gleich die Lunte mit ins Haus gebracht, worauf man zur gleichen Zeit explodiert – im Sex wie beim Streit. Das Seltsame: Solche Verbindung hält, weil man sich beizeiten zusammenrauft.
Streit dagegen würde die zarten Bande zwischen dem Skorpion und dem Krebs- oder Fische-Typ gleich ramponieren. Das weiß der gescheite Mars-Jünger, weshalb er mit Sammetpfötchen sanfte Streicheleinheiten verpaßt und den sprichwörtlichen Stachel im Futteral läßt. Und so kommt es zu haltbaren Verbindungen unter diesen Zeichen.
Bei der Jungfrau bringt der Skorpion genügend Pfeffer mit, um sie auf seine sexuelle Linie einzuschwören. Da die sonst so Kühle sehr

gelehrig ist, wird es kaum an etwas fehlen, zumal sie geschickt dazu beiträgt, das gemeinsame Vermögen zu mehren.
Unter des Skorpions glühender Lava schmilzt sogar der Steinbock dahin, den man ja oft mit einem Eisberg vergleicht. Der Mars-Schützling schätzt an ihm die sture Beharrlichkeit und die Pflichterfüllung um jeden Preis, die auch die eheliche nicht ausschließt.
Zu leichtlebig erscheint dem Skorpion die Waage, weshalb er gleich mit der Umschulung bei ihr beginnt. Wenn die Waage es sich gefallen läßt, kann es zu einem erträglichen Verhältnis kommen, bei dem der Venus-Schützling freilich einige schöne Schwungfedern verlieren wird.
Mit der Venus im Bunde steht auch der Stier, der dem Skorpion jedoch mehr Widerstand entgegensetzt und ständig in Oppositionsstellung geht, was den Skorpion seinerseits zu Gegenmaßnahmen verführt, wobei er beweisen möchte, daß sich Gegensätze anziehen.
Gut geht es in einer Verbindung mit dem Zwillinge-Typ oder dem Wassermann erst, wenn sich diese beiden die Hörner zuvor abstießen, zumal sie sich nicht gern beherrschen lassen. Der Widder gibt in einem solchen Fall Zunder und verträgt sich schließlich mit dem Skorpion so vortrefflich, daß man an eine ideale Verbindung glauben möchte.
Des Skorpions Eifersucht könnten Löwe und Schütze entfachen, weil sie auch in einer festen Verbindung noch flirtbereit sein möchten. Wenn es dem Skorpion gelingt, des Löwen und des Schützen Gefühle mit seinen eigenen auf einen Nenner zu bringen, kann trotzdem alles gut gehen.

Gratwanderung mit dem Schützen

Die Ehe mit einem Schütze-Menschen ist eine Gratwanderung zwischen Hochzeit und Scheidung. Nur wenn er an einen Individualisten gerät, wie er selbst einer ist, kann er auch treu sein, selbst wenn sein unruhiges Blut ihn immer wieder zu Seitensprüngen verführen möchte.
Der Löwe ist so einer. Mit ihm könnte man, wenn das Geld ausreicht, ein ganzes Leben lang Flitterwochen machen. Und selbst,

wenn in solcher Verbindung nur kleine Brötchen gebacken werden können, hält die Zuneigung an, wobei gemeinsam so manches Abenteuer durchgestanden wird.
Beim Widder kommt der Schütze kaum zum Atmen. Das lustige Spiel beginnt schon am frühen Morgen und hört am späten Abend noch lange nicht auf. Hier herrscht geistige und sexuelle Übereinstimmung. Trotzdem hat der Schütze viel Auslauf in freier Wildbahn, aber immer mit dem Widder an seiner grünen Seite.
Der Zwillinge-Typ hat genug mit sich selbst zu tun, als daß er bei seinem Schützen ständig den Aufpasser spielt, was auch für den Partner aus dem gleichen Sternzeichen gilt. Aber vielleicht ist es gerade die geistige Freiheit, die hier den Kitt fürs »ewige« Zusammenleben bildet.
Seelenverwandt mit dem Schützen sind Waage und Stier. Mit der Waage verbindet ihn vielleicht die Liebe auf den ersten Blick, die mit der Zeit freilich in langweilige Routine ausarten könnte, wenn nicht beide Partner an sich selbst arbeiten. Der Stier könnte die sexuellen Wünsche eines Schützen am ehesten erfüllen. Aber da bleibt manches an der Oberfläche und könnte sich von dort schnell auch verflüchtigen.
Zu einer Interessengemeinschaft kommt es zwischen dem Jupiter-Schützling und dem Wassermann, der dieselbe Meinung über die Freiheit des Individuums hegt wie der Schütze. Dagegen könnte der sich eingeengt fühlen bei Jungfrau und Steinbock, die nicht viel von Abenteuern halten, die teuer kommen. Der Schütze müßte da schon einiges an seinem Charakter abschleifen, um gegen solche doch etwas kühlere Typen zu bestehen.
Der »verdammte Seelenkram« (Zitat eines Schützen) regt ihn am Fische-Partner auf und zugleich an. Beide sind mit Jupiter im Bunde, der ihnen viel Erfolg auch in der Liebe verspricht.
In ständiger Sexbereitschaft ist der Skorpion beim Schützen, dem das durchaus behagt, weniger jedoch die beigemischte Eifersucht. Der Krebs ist ihm dagegen zu zart besaitet. Bei ihm müßte der Schütze schon sehr in sich gehen und die Lust auf die schöne weite Welt einengen.

Ein Steinbock blüht erst später auf

Der Steinbock-Mensch hängt an seinem Beruf, da er aber nicht gern allein ist, sucht er sich beizeiten einen Partner, für den er zunächst sehr wenig Zeit erübrigen kann, weil er immer in Bewegung ist. Erst später blüht er auf - vielleicht sogar in einem anderen Garten.
Stier und Jungfrau haben Verständnis für seine Art, sich zunächst den Wohlstand zu zimmern. Hier kommen die Flitterwochen oft erst nach der silbernen Hochzeit. Trotzdem versteht man sich auch vorher blind.
Mit der Krebs-Frau verbindet den Steinbock eine Ideengemeinschaft, die sich fruchtbar auf das gemeinsame Konto niederschlagen mag. Nur manchmal leidet die Liebe etwas an Unterkühlung.
Natürlich will der Skorpion wie der Steinbock auf der Lebensleiter ein tüchtiges Stück höhersteigen, möchte nebenbei jedoch nicht auf intime Spiele verzichten. Das heizt den Steinbock an, läßt ihn aber auch in Hektik verfallen, weil dabei seine Arbeit liegenbleibt.
Geborgen fühlt sich der Fische-Typ bei seinem Steinbock, bei dem er kaum träumen kann; denn der Saturn-Jünger ist ein Realist, der nur gelten läßt, was er schwarz auf weiß bewiesen bekommt. Da kann der Wassermann eher mithalten, der in einer festen Verbindung gern auf Kameradschaft baut, die er beim Steinbock findet.
Zu gleichgelagert sind die Interessen von zwei Menschen im gleichen Tierkreiszeichen. Da könnte bald die Liebe von arbeitsamer Pflichterfüllung überdeckt werden. Erst wenn man es gemeinsam zu etwas gebracht hat, taut man auf. Hoffentlich ist es dann nicht zu spät.
Zum Löwen schaut der Steinbock auf. Und der Schützling der Sonne gewöhnt sich schnell an die geschäftige Art seines Partners, der trotz viel Arbeit manche Schmusestunde einlegen wird, um den Löwen auf ewig an sich zu binden. Weniger Verständnis findet er beim lebenslustigen Zwilling, der verdientes Geld gern unter die Leute streut, obwohl er die eher zugeknöpfte Art des Steinbocks durchaus versteht.
An der Seite des Widders versucht es der Steinbock mit friedlicher Koexistenz, um des Mars-Schützlings durchdringende Art ein wenig zu bremsen. Den Schützen mag er sehr. Leider sucht der

anderwärts, was er zu Hause nicht bekommt. Da muß sich der Steinbock schon arg am Riemen reißen – genauso wie bei einer Waage, die nach seiner Meinung eine recht oberflächliche Lebensanschauung hat, zu der sich der Steinbock erst bekennen mag, wenn er es zu etwas gebracht hat.

Der Wassermann will frei sein

Nur zögernd verschenkt der Wassermann sein Herz. Er will frei sein von Bindungen und knüpft doch immer wieder neue an. Bis er gefangen ist und eine Art geistige Freiheit pflegt, die dann die Grundlage zu friedlicher Koexistenz bilden soll.

Natürlich hat er seine Lieblinge. Bei der Waage schätzt er die charmante Art, die erotische Ausstrahlung, die verdeckt, daß dahinter ein recht oberflächlicher Mensch steckt. Mit dem Zwilling verbindet ihn geistige Übereinstimmung und die Diskutierfreude, die Meinungsverschiedenheiten schließlich doch auf einen Nenner bringt.

Frei in ihren Entschlüssen wollen Wassermann und Schütze sein. Da mündet manches in Abenteuer, die jeder allein bestehen will. Es ist die Neugier, die den Wassermann mit dem Schützen ebenso verbandeln kann wie mit einem Menschen aus dem gleichen Tierkreiszeichen. Da geht's hoch her, und manchmal fliegen die Fetzen. Wie gut, daß die Sternengeschwister genügend Humor haben, sich immer wieder zu versöhnen.

Beim Widder heißt's ebenso: Was sich liebt, das neckt sich. Da bleibt der Wassermann kaum kühl. Im gemeinsamen Wollen kommt man auf einen grünen Zweig, von dem herunter beide das Abenteuer schöne Welt erleben. Da ist ihm bei Jungfrau und Steinbock ein wenig die Sicht versperrt, weil diese beiden eine andere Meinung von absoluter Freiheit haben als er. Der Wassermann nimmt's trotzdem mit Humor, wenn er an einen der beiden gelangt, und wundert sich manchmal, wie gut er sich mit diesen angeblich so Kühlen versteht.

Der Stier möchte seinen Wassermann am liebsten vor lauter Liebe einsperren, was ihm kaum je gelingt, auch wenn seine Hörner noch so sehr drohen. Am Ende trabt er selbst dann vielleicht von

dannen, und der Wassermann merkt zu spät, was er an dem Venus-Schützling verlor.
Heiße Liebe lockt ihn in des Löwen Höhle, und er kniet vor dem Königlichen nieder und sagt: »Sei mein!« Und anschließend holt er ihn herunter von dem Podest und übt mit ihm lustige Spielchen, die nicht verhindern können, daß sich die beiden auch im Beruf durchsetzen.
Der Skorpion bringt dem Wassermann nicht nur in heißen Nächten bei, daß man an seiner Seite jeden vergißt, der früher einmal um die Gunst des Uranus-Jüngers buhlte. Und der Krebs steuert soviel Gefühl bei, daß sich der Wassermann gar nicht mehr traut, auf jemand anderen zu schauen. Oder doch?

Des Fische-Menschen Träume

Mit dem Fische-Menschen kann jeder einen allzeit fröhlichen Ehestand feiern, wenn man ihn nur ein bißchen verwöhnt, damit er nicht auf krumme Gedanken kommt. Er lebt von seinen Träumen, was aber nicht heißt, daß er nicht auch sehr durchsetzungskräftig sein kann.
Mit viel Gefühl fühlt er sich an der Seite des Krebs-Typs am ehesten wohl, der ihm die Träume deutet und dafür sorgt, daß für ein gepflegtes Heim auch das nötige Kleingeld da ist. Ganz anders der Skorpion: Er nimmt seinen Fische-Liebling beim Wickel und lehrt ihn, daß es außer Träumen noch etwas Handfesteres gibt, das man zum Leben braucht.
Mit dem Partner aus dem eigenen Tierkreiszeichen verbindet ihn ein Seelenverhältnis, das langes Glück garantiert. Beide haben nur Schwierigkeiten, wenn sie ein Wellental erreichen. Da kann gegenseitiges Mitleid hinwegschwemmen, was mit Tatkraft angestrebt werden sollte.
Beim Steinbock findet er häusliche Geborgenheit und materielle Sicherheit, die dafür sorgen, daß es ihm an nichts fehlt – außer vielleicht zeitweilig ein bißchen Herzenswärme
Den Stier anerkennt der Fische-Typ als den Stärkeren, woraufhin jener ihm alle Wünsche erfüllt. Nur manchmal reagieren beide überempfindlich und vergessen dabei kurz, daß man sich ja liebt.

Schütze- und Fische-Menschen haben sich gesucht und gefunden. Da geht's fröhlich zu, man versteht des anderen Nachtseele und versucht's öfter mal mit Urlaub vom Ich. Danach liebt man sich um so heißer.
Mit der Waage verbindet die Fische die gleiche Empfindsamkeit. Selbst wenn die Gefühle manchmal an der Oberfläche pendeln, bleibt doch die gegenseitige Zuneigung ein Leben lang. Das ist auch in einer Zwillinge-Fische-Verbindung der Fall, nur daß es hier weit lustiger zugeht: Der Zwilling vertreibt dem Fisch die Grillen, und dieser träumt an der Seite des Merkur-Schützlings vom großen Glück in allen Lebenslagen.
Der Fische Launen treiben zwar den Wassermann manchmal auf die Palme, aber von da oben holt ihn das Fischlein immer wieder zurück. Beide haben hohe Ideale, die auf Menschlichkeit gründen, und das wird alles kitten.
Löwe und Widder sind dem Fische-Menschen etwas zu laut, überdies fügt er sich vor lauter Widerspruchsgeist ihrem Herrschaftsanspruch kaum. Nur wenn tiefe Liebe im Spiel ist, sind solche Verbindungen haltbar. Zur Jungfrau schließlich stehen die Fische in Opposition. Aber auch hier ziehen sich Gegensätze an, und man kann sogar sehr glücklich werden.

Der Widder und die Liebe
ISBN: 3-8068-**1901**-7
Die anderen Sternzeichen dieser Reihe:

1902-5	Stier
1903-3	Zwilling
1904-1	Krebs
1905-X	Löwe
1906-8	Jungfrau
1907-6	Waage
1908-4	Skorpion
1909-2	Schütze
1910-6	Steinbock
1911-4	Wassermann
1912-2	Fisch

Liebeshoroskope für Verliebte: Wer mehr über seinen Partner oder die Partnerin erfahren will, bekommt hier das Charakterbild der Erwählten analysiert und die Beziehungschancen dargestellt – einfühlsam, liebevoll und nicht mit astrologischen Begriffen überfrachtet.

Alle Bücher haben 80 Seiten, sind durchgehend vierfarbig, gebunden und kosten **DM 14,90**.

Liebes-Horoskop
Von W. Noé – 120 S., kartoniert
ISBN: 3-635-**60297**-3
Preis: DM 12,90

Die Sterne prägen die erotische Anziehung und sie können der Schlüssel zu tieferer Einsicht in Bezug auf sexuelle Bedürfnisse und Vorlieben sein. Dieser astrologische Ratgeber zeigt Ihnen den Weg zu einer befriedigenden und erfüllten Partnerschaft. Finden Sie heraus, bei welcher Sternzeichenkombination prickelnde Erotik sich von selbst einstellt und bei welcher mehr Verständnis und Toleranz nötig sind.

Der immerwährende Kalender der Mondkraft
Von S. Heideweg – 160 S., kartoniert
ISBN: 3-635-**60301**-5
Preis: DM 14,90

Die Kraft des Mondes wirkt und hilft. Wie Sie davon im täglichen Leben am besten profitieren, verrät Ihnen dieser Ratgeber.

Kraft der Sonne, Kraft des Mondes
Von S. Heideweg – 208 S., kartoniert
ISBN: 3-635-**68009**-5
Preis: DM 29,90

Im Einklang mit Sonne und Mond leben – Dieser astrologische Ratgeber bietet eine umfassende Orientierungshilfe für die Zeitplanung mit den kosmischen Kräften im Alltag.

Chinesisches Horoskop
Von G. Haddenbach – 88 S., kartoniert
ISBN: 3-635-**60006**-7
Preis: DM 9,90

Im uralten chinesischen Horoskop steht jedes Jahr unter dem Zeichen eines von insgesamt 12 Tieren, die Charakter und Schicksal des Menschen beeinflussen.
In diesem Buch finden Sie Antworten zu Charakter, Liebe und Schicksal.

Die 12 Sternzeichen
Von G. Haddenbach – 144 S., kartoniert
ISBN: 3-635-**60032**-6
Preis: DM 12,90

Es gibt eine Verbindung zwischen Ihrem Charakter und den Gestirnen. Überprüfen Sie mit diesem Ratgeber, inwiefern die Ihrem Sternzeichen zugeschriebenen Eigenschaften auf Sie persönlich zutreffen.

Mutter und Kind

FALKEN

FALKEN *Taschenbuch*

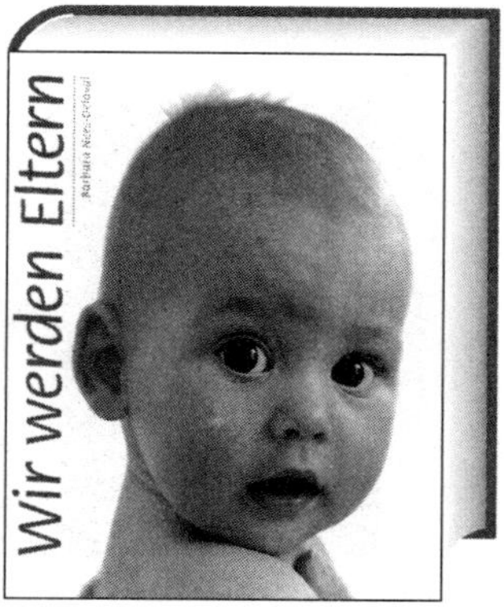

Wir werden Eltern
Von B. Nees-Delaval – 416 S., gebunden
ISBN: 3-8068-**7353**-4
Preis: DM 39,90

Von der Familienplanung bis zum Schulbeginn reicht die Themenpalette dieser Ratgeberreihe für Eltern und solche, die es werden wollen. Schwerpunkte sind Schwangerschaft und Geburt, Pflege, Entwicklung und Erziehung.

Weitere FALKEN ElternRatgeber:

1254-3	Ich bekomme ein Baby
2152-6	Gesunde Ernährung für Schwangere
2153-4	Mein Kind schläft durch
2154-2	Liebe geben, Grenzen setzen
0531-8	Das Babybuch
1999-8	Stillen
2055-4	Babyfitness
1612-3	Mein Baby entdeckt die Welt
4953-6	Was Dein Kind Dir sagen will
7358-5	Schön in der Schwangerschaft
2053-8	Babypflege
7316-X	Wenn Kinder krank werden
2054-6	Gesunde Ernährung für Babies
2151-8	Allergien bei Kindern
2155-0	Vornamen mit Tradition
7380-1	Das große FALKEN Babybuch
2114-3	Homöopathie für Kinder
1873-8	Babyschwimmen
7417-4	Willkommen mein Baby

Die schönsten Vornamen
Von A. F. W. Weigel – 144 S., kartoniert
ISBN: 3-635-**60372**-4
Preis: DM 14,90

Der Ratgeber hilft Ihnen bei der Auswahl der schönsten Namen für Ihr Baby und gibt Tipps, worauf bei der Namenswahl zu achten ist. Außerdem erhalten Sie Informationen über Ursprung und Bedeutung der Namen sowie fremdsprachige Namensformen.

Die Kunst des Stillens
Von Prof. Dr. med. E. Schmidt, S. Brunn – 110 S., kartoniert
ISBN: 3-635-**60084**-9
Preis: DM 14,90

Durch Stillen können Sie Ihr Kind gesund und natürlich ernähren. Dieser kompetente Ratgeber gibt praktische Anleitungen und Gesundheitstipps für werdende und bereits stillende Mütter.

Rückbildungsgymnastik
Von H. Höfler – 112 S., kartoniert
ISBN: 3-635-**60062**-8
Preis: DM 12,90

Was geschieht im Körper der Mütter in den ersten Wochen nach der Geburt? Dieses Buch gibt Antwort auf diese Frage und das abwechslungsreiche Übungsprogramm zeigt, wie jede Frau durch eine gezielte Gymnastik die Rückbildungsprozesse ihres Körpers fördern kann.

Stand der Preise: 1.2.1999. Änderungen vorbehalten

Die neue Rückenschule
Von K. Haak – 64 S., kartoniert
ISBN: 3-8068-**2146**-1
Preis: DM 16,90

Die Zahl der Menschen, die von Rückenschmerzen betroffen sind, ist sehr groß. Die „neue Rückenschule" bietet Ihnen ein ganzheitliches Konzept, mit dem Sie Rückenschmerzen wirkungsvoll begegnen und die verschiedenen Ursachen bekämpfen können.

Rheuma
Von Prof. Dr. med. K. Gräfenstein – 128 S., kartoniert
ISBN: 3-8068-**2000**-7
Preis: DM 19,90

Aktiv gegen die Erkrankung angehen anstatt zu resignieren ist die Devise. Dieser Ratgeber enthält eine Vielzahl von Anregungen zur Selbsthilfe mit erprobten rheumagymnastischen Übungen und Hilfsmitteln.

Traditionelle Chinesische Medizin
Von D. Accolla, P. Yates – 368 S., gebunden
ISBN: 3-8068-**7381**-X
Preis: DM 49,90

Harmonie, Ganzheit und Gleichgewicht sind die Schlüsselbegriffe der Traditionellen Chinesischen Medizin. Dieser Ratgeber informiert Sie umfassend über das Verständnis von Krankheiten aus fernöstlicher Sicht, Mittel und Wege, Krankheiten zu vermeiden und die Möglichkeiten der Selbstbehandlung.

Heilen und vorbeugen mit Wein
Von Dr. med. F.-A. Graf v. Ingelheim, I. Swoboda – 96 S., kartoniert
ISBN: 3-635-**60311**-2
Preis: DM 14,90

Im Wein ist Gesundheit! Das wussten schon die alten Griechen. Auch Wissenschaftler haben die lebensverlängernde und vorbeugende Wirkung des Rebensaftes bewiesen. Dieser Ratgeber fasst die Anwendungen und Wirkungen der wohlschmeckenden Medizin zusammen.

Autogenes Training
Von R. Faller – 110 S., kartoniert
ISBN: 3-635-**60009**-1
Preis: DM 9,90

Durch autogenes Training haben bereits Millionen Menschen zu mehr Lebensfreude und Selbstsicherheit gefunden. Die Übungen in diesem Buch führen stufenweise zur positiven Beeinflussung der seelischen Haltung und zu völliger Entspannung.

Die sanfte Art des Heilens – Homöopathie
Von H. Ginglas – 120 S., kartoniert
ISBN: 3-635-**60206**-X
Preis: DM 14,90

Auf der Suche nach alternativen Heilmethoden findet die Homöopathie immer größeren Zuspruch. In diesem Ratgeber erfahren Sie, bei welchen Beschwerden die Homöopathie helfen kann und wann Sie sie auch selbst anwenden können.

Spiele

Black Jack, Poker & Co.
Von M. Fuchs – 80 S., kartoniert
ISBN: 3-8068-**2049**-X
Preis: DM 16,90

Bridge für Einsteiger
Von B. Ludewig – 104 S., kartoniert
ISBN: 3-8068-**1691**-3
Preis: DM 16,90

Mühle, Dame, Halma
Von T. Hartogh – 96 S., kartoniert
ISBN: 3-8068-**2050**-3
Preis: DM 16,90

Schach für Einsteiger
Von E. Heyken – 128 S., kartoniert
ISBN: 3-8068-**1724**-3
Preis: DM 19,90

Die schönsten Kegelspiele
Von M. Mala – 80 S., kartoniert
ISBN: 3-8068-**1827**-4
Preis: DM 16,90

Es gibt wohl kaum etwas, das so abwechslungsreich ist wie spielen. Denn egal, ob allein, zu zweit oder in größerer Runde, ob zu Hause, auf einer Party oder auf Reisen, immer gibt es zahlreiche Spielideen – doch kennen muss man sie. Damit dies zukünftig kein Problem mehr ist, gibt es die FALKEN Spiele-Bibliothek, die kompakt, übersichtlich und leicht nachvollziehbar alle bekannten Spiele vorstellt.

Krimirätsel-Spielbuch
Von H. Bücken, D. Hanneforth – 64 S., kartoniert
ISBN: 3-8068-**2051**-1
Preis: DM 14,90

Zaubereien und Tricks mit Karten
Von O. Erens – 80 S., kartoniert
ISBN: 3-8068-**2147**-X
Preis: DM 16,90

Rommé und Canasta
Von K. Wieland – 72 S., kartoniert
ISBN: 3-8068-**2149**-6
Preis: DM 16,90

Skat
Von T.G. Schüssler – 80 S., kartoniert
ISBN: 3-8068-**1924**-6
Preis: DM 16,90

Würfelspiele
Von H. Bücken, D. Hanneforth – 80 S., kartoniert
ISBN: 3-8068-**2150**-X
Preis: DM 16,90

Spielideen für Partys
Von E. und H. Bücken – 80 S., kartoniert
ISBN: 3-8068-**1725**-1
Preis: DM 16,90

FALKEN

Stand der Preise: 1.2.1999. Änderungen vorbehalten

Esoterik

Das Horoskop der Druiden
Von C. Ludwig – 144 S., kartoniert
ISBN: 3-635-**60335**-X
Preis: DM 16,90

Das Horoskop der keltischen Druiden ist eine Verbindung aus Naturhoroskop und praktischer Psychologie, das die Menschen mit Bäumen vergleicht. Dieser Ratgeber verrät Ihnen, welchem Baum Sie ähneln und wie Sie Ihre Potentiale besser nutzen können.

Pendeln
Von N. Schreiber – 112 S., kartoniert
ISBN: 3-635-**60332**-5
Preis: DM 12,90

Pendeln kann ein faszinierendes Werkzeug für die Bewältigung des Alltags sein. Dieses Buch gibt Anleitung für eine intuitive Nutzung des magischen Pendelns, sei es zur Selbsterkenntnis oder für konkrete Probleme.

Lexikon der Esoterik
Von W. Bogun, N. Straet – 304 S., kartoniert
ISBN: 3-635-**60430**-5
Preis: DM 19,90

Endlich Antworten auf über 700 Fragen zu klassischen und aktuellen esoterische Themen. Dieses Lexikon bietet eine Fülle von Wissen zu Esoterik, Astrologie, Spiritualität und Ganzheitsmedizin.

Traumdeutung
Von G. Haddenbach – 172 S., kartoniert
ISBN: 3-635-**60045**-8
Preis: DM 12,90

Träume sind aufschlussreiche Spiegelbilder der Seele. Dieser Ratgeber ist eine hilfreiche Einführung in die Welt des Traumes – u.a. mit einem integrierten Lexikon der Traumsymbolik.

Unerklärlich!
Von J. Clark – 224 S., kartoniert
ISBN: 3-635-**68006**-0
Preis: DM 29,90

Geisterlichter, UFOs und Riesenkraken:
Es gibt sie doch, die unerklärlichen Phänomene. Ein bestinformierter Wissenschaftler erläutert Erklärungsversuche für mysteriöse Beobachtungen.

Die Kunst, in Gesichtern zu lesen
Von C. An Kuei – 160 S., kartoniert
ISBN: 3-635-**68020**-6
Preis: DM 24,90

Der entlarvende Blick, wer möchte den nicht beherrschen? Dieser Ratgeber gibt tiefe „Einblicke" in die chinesische Gesichtlesekunst Siang mien und zeigt, wie man einzelne Gesichtsmerkmale deuten kann.

FALKEN Taschenbuch